JN305140

J・S・ミル

宗教をめぐる三つのエッセイ

ヘレン・テイラー編　大久保正健訳

THREE ESSAYS ON RELIGION

JOHN STUART MILL

keiso shobo

編者序文

ヘレン・テイラー

この宗教論三編は、かなりの時間を隔てて書かれたものであり、もともと連続した著作にするという意図はなかった。したがって、これらを相互に連結した一体の思想として見なしてはならないが、著者が宗教の諸論点について包括的に考え抜いた結果を示していると考えて差し支えない。

三つの論文のうちの最初の二つは、一八五〇年から一八五八年の間に書かれた。これは『経済学原理』の出版と『自由論』の出版に挟まれた時期であり、この間、他の論文——正義、功利性、自由についての論文——も書かれた。この時期に書かれた五論文のうち、三論文はすでに著者によって公刊されている。自由についての論文は、増補されて『自由論』という表題の、よく知られた本になった。正義論と功利論は、後に多少の変更と増補をへて一つにまとめられ、『功利主義論』という本として出版された。残りの二つである「自然論」と「宗教の功利性」を、だいぶ後に執筆された「有神論」

と合わせて、ここに初めて公刊する。最初の二つの論文には、執筆時を示す形跡が容易に見て取れる。とりわけ、ダーウィン(1)とヘンリ・メイン(2)への言及がないことが注目される。もし、著者の論文執筆以前にこの二人の著作が出版されていたなら、著者は、二人と考えが一致する場所や、この主題について二人が展開した議論に言及したに違いない。

本書の最後の論文は、違った時期に書かれた。これは一八六八年から一八七〇年の間に書かれ、いま合本にした他の二篇の論文の続編として構想されたものではない。しかし他方で、著者がこれらの異なる論文で述べた見解が基本的に首尾一貫していると考えていたこともまた確かである。その証拠に、一八七三年、つまり「有神論」を書き上げた後、著者は「自然論」を、活字に回す前に必要と判断された多少の訂正をしたかもしれないが、実質的には今日のかたちで直ちに出版するつもりであった。このことから、彼の思考が実質的に変化をしていないことは明らかである。それゆえ、異なる箇所を実際に綿密に比較した後で、それでも残るように見えるかもしれない食い違いの原因は、最後の論文が、特別に細部まで徹底する著者の習慣であった度重なる推敲をへていない事実にあるか、あるいは、部分の扱いの違いだけでなく、主題全体を評価する際に視野を広げ、より多くの論点を含めることによって生じた、重点の相対的評価の調子や見かけ上の違いにあるであろう。

著者が「自然論」を一八七三年に出版しようとしていたという事実は、宗教について自由に表現することによってどのような汚名が降りかかろうとも、それを避けるために、いま刊行しようとしている本の出版を差し控えることはなかったということの何よりの証拠である。他の二編を同じ時期に発表するつもりがなかったことは、宗教に関する意見を公に発表する場合の著者の習慣に合っている。同時に、著者は思慮深く意見を形成するのに時間をかけるたちだったので、生半可な意見を語るのをひどく嫌った。彼は、時間と労力を使い、自分の思索能力の極限まで考えぬいたと思えないときには、けっして早急な決断をしようとはしなかった。そして同様に、一定の結論に到達した後でも、表現に最善の工夫をこらし、結論だけでなく叙述の様式についても時間をかけて検討する前に、他人が好奇心からその結論を述べるように強制することを彼は許さなかった。それゆえ、彼は自分の意見の表明するにあたり、正しく理解されるために正確さと包括性が必要であるのに応じて慎重であったが、そのことは彼の判断では特に宗教思想にあてはまった。その同じ理由から、彼は「自然論」の刊行を一五年も控えてきたのである。そして彼は、この巻に収めた他の論文については、いまだに刊行するつもりはなかったかもしれない。

このような点で見ると、「有神論」は著者の他の著作と比べて、より大きな価値を持つとも、少ない価値しか持たないとも、いずれとも考えられる。著者が完成した最後の大きな著作であるから、これは彼の精神の最終状態を示している。それは生涯の思索を注意深く勘案した結果である。他方、彼の多くの著作は、刊行前に行った度重なる校訂を行っているが、この著作の場合にはそれをする時間がなかった。それゆえ、文章は彼の他の著作に比べて洗練されておらず、主題自体も少なくとも現在のかたちでは繰り返して吟味されていない。彼自身が世に問うということであれば、間違いなくその精査をしていたであろう。

宗教をめぐる三つのエッセイ

目次

編者序文（ヘレン・テイラー）
第一論文　自然論……1
第二論文　宗教の功利性……55
第三論文　有神論……101
第一部……102
序
有神論
有神論の証拠
第一原因論
人類の一般的承認に基づく論証
意識に基づく論証
自然のなかにあるデザインの痕跡に基づく論証

第二部 …… 141
神の属性
第三部 …… 158
霊魂の不死
第四部 …… 172
啓　示
第五部 …… 196
一般的結論
註 …… 209
訳者解説（大久保正健） …… 215
訳者あとがき …… 255
索　引

凡　例

一、本翻訳の底本は、*Three Essays on Religion* (London: Longmans, Green, Reader and Dyer, 1874) である。
二、直訳だけでは解りにくく、日本語として表現を補う必要があると思われる場合には［　］に入れて補った。
三、一つの訳語ではニュアンスが伝わりにくいと判断される場合には、原語、または別の訳語を〈　〉に入れて補った。
四、原文で（　）に入っているところは、訳文でも（　）に入れた。
五、注は、原註と訳註をそれぞれ［原註］［訳註］として記し、巻末にまとめて掲載した。
六、原文でイタリックで記された語の訳語には傍点を加えた。

第一論文　自然論

「自然」や「自然な」という語、そして、この二つの語から派生した語群、あるいは語源的にそれらに近い語は、いつの時代でも人類の思想のなかで大きな場所を占め、人類の感情を強くとらえてきた。それは至極当然なことであって特に驚くべきことではない。これらの語が最も原初の段階で、きわめて明瞭に指示した対象のことを考えてみればよいのである。しかし、道徳と形而上学の思索において大きな役割を果たしている一連の語群に、元来の意味とは異なった意味が加わったこと、しかも混同をまねく程度には元の意味と結びついている多くの意味が加わったことは不運であった。「自然に関わる」それらの語は、元来はなかった多くの連想のなかに巻き込まれ、しかも、その観念連合のほとんどが非常に強力でしぶとい性格のものであったから、いろいろな感情をかき立て、感情をあらわすシンボルになってしまった。しかし、感情はこれらの語の元来の正当な意味にはけっして含まれない。このような観念連合に巻き込まれたせいで、自然を表す語は、誤った好み、誤った哲学、誤った道徳、そして悪い法律といったものまでも次々に派生させる一つの源泉になってしまったのである。

ソクラテス的反駁論証の適用例で一番重要なものと言えば、プラトンが実行し改良を加えた反駁論証であるが、その本質的機能は要するに、この種の広い抽象概念の中身を解きほぐすことである。つまり、この反駁論証は、抽象概念がただぼんやりと示唆しているだけの通俗の意味を正確な定義に結びつけ、抽象概念で組み立てられた陳腐な処世訓や通念を問い直し検証するのである。後世がさまざまな点で明晰な知識に達したとすれば、いずれにせよ、それはプラトンが残したこの種の探求の仕方が手本となって教育力を発揮したおかげであるけれども、惜しいことに、彼は『自然論』の対話篇を書いて後世への遺産にしなかった。もし自然という語によって示された観念がプラトンの綿密な分析にさらされ、この語が使われている通俗的な決まり文句が、強力な弁証法によって試されてきたなら、彼の後継者たちはおそらく、この語の誤った使用によって形成された思考と推論の様式に、これほどやすやすと落ち込みはしなかったであろう。プラトン自身はその種の誤謬から際立って自由であった。

プラトンの方法は、いまでもこの種の研究が見習うべき最良の手本であるが、この方法によれば、あいまいな用語に対して最初になされるべきことは、語の意味を正確に確かめることである。同方法のもう一つの規則は、抽象概念の意味は具体的なもののなかで最もよく見いだされる――すなわち、普遍の意味は特殊なもののなかで最もよく見いだされるというものである。この研究法を採用して自然という語を検討するとき、最初の問題は、たとえば水や火や、あるいは何らかの個別的な植物や動物といった特定の対象の「本性」〈nature〉によって意味されるものは何か、ということでなければならない。それは明らかにその対象が持つ力と特性の総体、あるいは総計である。つまり、特定の対象が他の事物に対して作用する様式であり、また、他の事物がその対象に対して作用する様式である（観察者の感覚も、ここで言う「他の事物」に含まれる）。感覚を持つ生物の場合、その本性にさらに、感じる能力や意識する能力がつけ加わるに違いない。事物の本性〈Nature〉とは、これらのすべてを意味し、事物の現象顕現能力全体のことを意味している。そして事物が示す現象は、たとえ異なる状況においてはどんなに変化しても、同じ状況においてはつねに同じであるので、それらの現象は、言葉の一般様式によって記述することができる。これが、事物の本性〈自然〉の法則と呼ばれるものである。たとえば、水が海水面で平均的な大気圧を受けているとき華氏二一二度で沸騰することは、水の本性に関する一つの法則である。

どのような事物の本性〈自然〉もその事物が持つ力と特性の総和であるから、抽象的な意味での自然は、万物の力と特性の総和である。自然とは、すべての現象の合計に、それらの現象を生み出す諸原因を加えたものを意味する。ここで言う現象には、発生するすべてのことだけでなく発生する可能性のあるすべてのことが含まれる。諸原因の使われていない能力もまた、結果に現れる能力と同じく自然の観念の一部をなしている。これまで十分に検査されてきたすべての現象は規則的に起こることが知られている。個々の現象が発生する場合には必ず基になる積極的あるいは消極的な一定の条件がある。したがって直接観察によってか、観察に基づく推論過程によってかのどちらかで、人類は多くの現象の発生条件を確かめることができるようになった。主にそれらの条件を確かめることによって科学は前進してきた。発見された条件は一般命題で表記できる。その一般命題は特定の現象については法則と呼ばれるが、もっと一般的には自然法則と呼ばれる。たとえば、すべての質量を持つ物体間には、質量に比例し距離の二乗に反比例する引力が働くという真理は、自然法則である。空気と食物が動物の生命には不可欠であるという命題も、もし私たちが十分な理由をもって例外はないと確信できるなら、現象自体は特殊であり引力のように普遍的ではないけれども、自然法則である。

したがって、自然はこの最も単純な意味では、現実になっている事実と可能性のある事実の集合を表す名前〈集合的名称〉である。つまり（もっと正確に言えば）すべての事物の発生様式の名前である。この様式は、ある部分は私たちに知られており、ある部分は知られていない。というのも自然という語が示唆するのは、諸現象の多様な細部というよりは、むしろ、包括的見方であり、その見方は、諸現象の存在様式について完全な知識を有する精神だけがはじめて、一つの精神的全体像として形成できるかもしれないようなものだからである。科学は、経験からの一般化によって段階的に、この包括的見方に達することを目指している。

さて、これが、自然という語の正しい定義の一つである。しかし、この定義はこの［自然という］用語の多義的な意味のうちのただ一つにしか対応しない。それは普通に使われている俗な用法の幾つかには明らかに当てはまらない。たとえば、自然が技術に対比させられ、自然的であることが人為的であることによく対置されるが、［いま確認した］この定義はその種の発言とは一致しない。というのも、たったいま定義された意味において、つまり、真の科学的な意味では、技術も技術以外のもののとかわらず自然であり、技術的〈人為的〉であるようなあらゆるものが自然的であるからである。――技術はそれ自身、独自の力を持たない。技術は、一定の目的のために自然力を使うだけである。人間の意志が原因となって生み出された現象も、私たちと無関係に発生した現象とかわらず、基本的諸力の特性、つまり基本的な物質やそれらの混合物の特性に依存している。全人類の総力を結集しても、物質一般の新しい特性を一つとして創造することはできないであろう。あるいは、ある種類の物質の新しい特性を創造することはできないであろう。私たちができることは、発見した物質のさまざまな特性を自分たちの目的のために利用することだけである。船が浮かぶときに働いている法則は、樹木が風によって引き抜かれ水の中に吹き飛ばされるときと同じ重力と平衡の法則である。人間が食用に育てる穀物が穀粒を産出するのは、野バラや山イチゴが花や果実を結ぶときと同じ栄養の法則によってである。家が立って崩壊しないのは、それを構成する物質の重さや凝集力といった自然的特性によってである。蒸気機関は、蒸気の自然的な膨張力によって動くが、蒸気の膨張力は仕組みの一部に圧力を加え、その圧力はレバーの力学的な特性によって他の部分に伝えられ、重りを押し上げたり、それに結びつけられている障害物を動かしたりする。このような場合、また他の技術的操作の場合、人間の果たしている役割は、しばしば指摘されてきたように非常に限られたものである。つまり、対象をある場所に移すことだけなのである。私たちは対象を動かし、そうすることによって、離れていた何らかの事物を結びつけ、または結びついていた事物を離す。場所を変化させるだけで、それまで眠っていた自然的な力が活動し、望まれた結果を生み出す。意図する意志作用も仕組みを考案する知性さえも、そしてこれらの運動を実行する筋力も、それ自体、自然の力である。

こうして、私たちは自然という語に、少なくとも二つの主要な意味を認めなければならないように思われる。第一の意味では、自然とは外界または内的な世界のどちらかに存在するすべての力を意味し、それらの力によって起きるあらゆることを意味する。第二の意味では、自然は発生するあらゆることではなく、意志作用なしでも起こる、つまり人間の自発的で意図的な働きなしに起こるものだけを意味する。もちろん、このように区別しただけでは、自然という語の曖昧な意味のすべてを捉えるにはほど遠いが、この区別を鍵にすることで、重要な結果に結びつきかねない曖昧な意味のほとんどを解読することができる。

さて、自然という語にはこの二つの主要な意味があるが、この語やその派生語が推奨や承認や道徳的な義務の観念を伝えるために用いられるとき、はたして、どちらの意味で使われているのであろうか、あるいは両方の意味で使われる場合もあるのであろうか。

自然という語は、どの時代でもそうした道徳的観念を担ってきた。多くの最も尊重されている哲学の学派において、自然に従う〈*Naturam sequi*〉ということは、道徳の根本原理であった。古代人の間で、特に古代の知性や思想の衰退期において、それはすべての倫理学説の真価を試す試金石であった。ストア派とエピクロス派は、彼らの体系の他の部分では相互に妥協の余地はなかったけれども、両派とも行為の実践的原則〈格律〉が自然の命じるところであることを証明しなければならないと考えた点では意見が一致していた。そして、両派の影響のもとでローマの法学者たちが法の体系化を試みたとき、彼らは法解説の最初に、何らかの自然法〈*Jus Naturale*〉を置いた。ユスティニアヌスが『法学提要』のなかで宣言するように「自然法とは自然がすべての動物に教えたもの」[1]であった。また、法律だけでなく道徳哲学に関する近代の体系的著述家は、一般にローマの法律家を模範にしたので、いわゆる自然法論がたくさん書かれた。一般の著作でも、自然法を最高規則として、究極の基準として言及することが普通になった。しかし、他の誰よりもこの方式の倫理思想を普及させたのは国際法の著者たちである。彼らは解説すべき実定法を手にしていなかったが、国際道徳について最も認められている意見に法的権威を与えたかったので、自然の想像上の法典にそのような権威を見いだそうとした。キリスト教神学は、その最盛期に、自然を道徳の規準として立てる思考法の、全面的ではないが部分的な障害になった。キリスト教のほとんどすべての教派の信条（これは、キリストの信条ではけっしてない）によれば、人は本性的に邪悪であるからである。しかし、この教説は反動をまねき、理神論の道徳家たちが自然の神聖さをほとんど全員一致で言い広め、自然の空想上の命令を権威のある行為の規則としてうちたてるようになった。この想定上の基準をなんらかの意味で参照することは、ルソーによって始められた思想と感情の水脈のなかで支配的な構成要素となり、その傾向は、自分自身をキリスト教徒的であると称する一部の思潮を含めて、近代精神に最も広く浸透した。キリスト教の教説はどの時代でも、そのときたまたま普及していた哲学に概ね合致しており、私たちの時代のキリスト教も、その色彩や魅力のかなりの部分を感傷的な理神論から借りてきている。現在では、かつてのように、自然や他の基準から、法的な厳密さをもって行為の規則を導き出し、この基準を人間のあらゆる意思行為の範囲と重なるように適用する傾向があるとはいえない。今日の世代の人々は、一般に原則をそれほど熱心な精密さをもって適用しないし、どの基準に対しても強く拘束されるような忠誠心を持ち合わせない。むしろ、多くの基準が混在しているような状態で生きている。この状況は、堅実な道徳的信念の形成には都合が悪いが、自分の道徳的な意見を気軽にそうした基準に合わせる人々にとっては都合がよい。なぜなら、この状況は、流行の教説を擁護する議論の余地を広げるからである。しかし、前時代の体制護持の論者たちのように、いわゆる自然法を倫理の基礎として採用し、そこから一貫して推論しようとする者は今では一人もいないかもしれないが、自然という語やそれと同起源の語は、いまでも道徳的議論において重みを持つ用語と見なされている、と言わねばならない。どのような様式の思考、感情、行為であっても、それが「自然に従って」いるなら、普通、それが善いことを示す強い理由として受け入れられる。もし何かを「自然が命じている」とうまく言うことができるなら、その命令に従うことの適切さは、ほとんどの人々によって理解されるであろう。反対に、自然に反すると非難されるなら、そう言われたことが大目にみられたり許容されたりする可能性はまったく閉ざされるであろう。また、「不自然な」という語は、いまでも、最も強い悪口の一つである。このののしり表現を使う人々は、道徳的義務の根本原則について責任はないかもしれないが、そうした表現は道徳的義務の原則を含んでいるのである。つまり、いまよりも労苦を惜しまなかった時代に、論理的な思想家が体系的な自然法論の基礎にしていたような原則と実質的には同じことを言おうとしているのである。

このような言い方のなかに、自然という語のもう一つの別の意味を認識することは必要であろうか。あるいはそうした言い方は、何らかの合理的な結合によって、すでに扱った二つの意味のどちらかと関係づけられるであろうか。一見、私たちには自然という用語にもう一つの別の意味を認めること以外には、選択肢がないように思われるであろう。すべての探究は、何であるかについてか、何であるべきかについてかのどちらかである。科学や歴史学は第一の部門に属し、技術、道徳、政治学は第二の部門に属する。しかし最初に指摘した自然という語の二つの意味は、どちらも何であるかについてだけに言及している。第一の意味における自然は、存在するあらゆるものの集合的な名前である。第二の意味では、自然は人間の意思の介在なしに、それ自身で存在するあらゆるものの名前である。しかし倫理学の用語として自然という語を使用することは、自然という語は何であるかを表すのではなく、何であるべきかを表す、つまり何であるべきかの規則や基準を表す第三の意味を示しているように思われる。しかしながら、少し考えてみれば、これが多義性の事例にならないことがわかるであろう。この場合、第三の意味はないのである。自然を行為の基準としてうちたてる人々は、ただ言葉上の関係を言おうとしているのではない。彼らは、どのような基準でも自然と呼ばれるべきであると考えているのではない。彼らは何が本当に行為の基準であるのかについて何らかの情報を与えていると考えている。自然という語は私たちが何をすべきかについて何らかの外的な尺度を与えると、彼らは考えている。自然に従って行為すべきであると言う人たちは、すべきことをすべきであるという同語反復命題を考えているのではない。彼らは自然という語が、何をすべきかについて何らかの外的な基準を与えていると思っている。もし、彼らが本来の意味では事実〈何であるか〉を示す語を、価値〈何であるべきか〉の規則として設定しているとすれば、彼らがそうするのは、明晰であるか、混乱しているかは別として、一つの観念を持っているからである。それは、事実が価値の規則や基準を構成するという観念である。

この観念の検討が、この論文の目的である。自然を正・不正や善悪の判定基準とする学説、あるいは、自然に従い、自然を模倣し、自然に従属することに何らかの仕方、何らかの程度で功績を付与したり、自然に従い、自然を模倣し、自然に従属することを善いと考える学説が正しいかどうかを探究することが課題である。この研究には、これまで述べた用語の意味についての議論が、導入として欠かせなかった。言語というのは、哲学研究のいわば空気のようなものであるが、それが透明にならないと、何らかの対象の真の形と位置を見通すことができるようにならない。この研究の場合、もう一つの曖昧な表現を警戒しておく必要がある。その両義的な言葉は、十分わかっているつもりでも、聡明な精神さえも誤解に導くことがあるから、議論を先に進める前に、特に注意しておく方がよい。自然という語と普通いちばんよく結びつく語は、法である。そしてこの法という語は、二つの異なる意味を持つ。法は一方では事実の一部を意味し、他方ではあるべきことについての一部を意味する。私たちは引力の法則とか、運動の三法則、化学結合における定比例の法則、有機体の生命法則といったことを語る。これらすべては事実についての部分である。私たちはまた、刑法、民法、名誉の法、正直の法、正義の法といった語り方もする。これらすべてはあるべきことについての部分、あるいは、あるべきことに関する誰かの見解や感情や命令である。運動法則や引力の法則のような、第一の種類の法は、諸現象が生起するときに観察される同一性に他ならない。その同一性は、ある側面では、同じ前件に同じ後件が続くということであり、別の側面では、同じことが同時に起こるということである。これらのことが、科学において、そして日常の語法においても、自然法則ということで考えられている内容である。もう一つの意味での法とは、国内法や国際法や道徳法則であり、すでに指摘したように、法学者や公法学者は、その一つとして自然法と呼ぶのが適切であると考えるものを持ち込んでいる。法のその二つの意味が混同されやすいことを示す最たる例は、モンテスキューの『法の精神』の」第一章である。モンテスキューはそこで、物質的な世界には法則があり、下等な動物は動物の法則を持ち、人間は人間の法則を持つと述べ、人間の法則よりも最初の二組の法則の方が遙かに厳格に守られるという事実に注意を促している。事物はつねにあるがままのものであるが、人間は必ずしもあるべきものではないことが、あたかも矛盾や背理であるかのように語られている。これと似た考えの混乱がジョージ・クーム[2]の著作にも浸透しており、その混乱が彼の著作から大衆の読み物の領域に氾濫してきている。私たちは今や、道徳法則と同じ意味や仕方で、宇宙の物理法則に従うべきであるという命令を絶えず読まされているわけである。自然という語の倫理的用法が含意している考え、つまり、事実とあるべきことの間に、絶対の同一性とは言わないまでも、密接な関係があるという考えが人々の心を捕らえるのは、一つには「自然の法」という表現が事実を指しているにも拘わらず、他方で、同じ法という語が、それよりも身近なところで強力に、あるべきことを表現するのに使われるという習慣による。

自然や自然法則に歩調を合わせるべきであると主張されるとき、あるいはそういう意味の発言があるとき、考えられている自然はどちらなのか。第一の意味での、存在するものすべて、――つまり、すべての事物の力と特性を意味する自然であるのか。しかしこの意味では、自然に従って行為することを奨励する必要はない。なぜなら、誰もがそうするほかはないからである。その点ではうまく行為しようと下手に行為しようと同じである。この意味では、自然に従わないで行為するようなことはありえない。あらゆる様式の行為はまったく同じ程度に自然に従う。すべての行為は何らかの自然的な力の行使であり、その多様な結果は、自然界の事物の力や特性によって生み出され、何らかの法則つまり自然法則に正確に従うような自然現象である。私が食べ物を摂取するために意志によって器官を使うときも、その行為とその帰結は自然法則に従っておこる。もし私が食べ物の代わりに毒を飲み込んでも、事情はまったく同じである。自然が与えたもの以外に何も力を持たないとき、――自然法則を通じてしか物理的にどんな小さなこともできないとき、人々に自然に従えと命じることは馬鹿げている。むしろ、個々のケースでどの自然法則を利用すべきかを教えるべきである。たとえば、ある人が手すりのない狭い橋で川を渡っているとき、彼は、身体を動かすのに平衡の法則によって自分の進行を調節するのがよく、そうではなくて引力の法則だけに従うなら、川に落ちる。

そうせざるをえないことを勧めることは愚かであり、不正な行為にもまったく同じように当てはまることを、正しい行為の規則として命じることは馬鹿げている。しかし、行為の合理的規則は、この最も広い意味での自然法則に対する適切な関係から構成できるかもしれない。人は必然的に自然法則、あるいは事物の特性に従う。しかし彼は必ずしも自然法則や事物の特性によって自分自身を導くわけではない。すべての行ないは自然法則に一致するが、すべての行ないが自然法則ついての知識に基づいているのではない。また、自然法則を利用することを考えて目的の達成に向けられているわけでもない。私たちは全体としての自然法則から自由になることはできないが、それでも、特定の自然法則が作用する状況から逃れるなら、その法則から逃れることができる。私たちは自然法則を通さずには何もすることができないが、一つの法則を、他の法則に対抗するように使うことができる。ベーコンのよく知られた一般原則によると、私たちは自然に従うことによって自然に命令するのである。状況に少しでも変更を加えれば、私たちの行為を支配する自然法則も多かれ少なかれ変わることになる。目的や手段について選択するごとに、私たちは、ある組み合わせの自然法則ではなく別の組み合わせの自然法則のもとに身を置くことになる。それゆえ、もし、自然に従えという役に立たない指針が自然を研究せよという指針に変えられ、私たちが交渉しなければならない事物の特性を注意深く認識し、一定の目的に対して、その特性が役に立つか障害になるかを調べよという指針に変えられていたら、私たちはあらゆる知的な行為の第一原理に到達したか、あるいはむしろ知的な行為自体の定義に到達していたはずである。表面的にはこれと似ている無意味な教説を押し立てる多くの人々の心のなかには、この本当の原理についての混乱した考えがあるのだと私は確信する。彼らの見るところでは、賢い行ないと愚かな行ないとの間の本質的な違いは、何らかの重要な結果を左右する特定の自然法則に留意するかどうかの違いである。また、自然法則に注意し、その法則によって行為を整える人は、その自然法則に従っていると言ってもよいし、他方、実際上、その法則を無視し、法則がないかのように行為する人は、法則に従っていないと言ってもよい、と彼らは考える。しかし、その場合、そのように自然法則に従わないと言われることが、他の法則に従うことであったり、ことによると当の法則自体に従うことであったりすることが見逃されている。たとえば、火薬の爆発力について知らずに、あるいはそれを考えることなく不用意に火薬庫に入る人は、彼が無視したまさにその法則によって、こなごなに吹き飛ばされる原因になるような行為をする可能性が大きい。

しかし、「自然に従う〈Naturam sequi〉」という学説の権威が、どれほど「自然を観察する〈Naturam observare〉」という合理的な指針と混同されることによっているにしても、「自然に従う」という学説を支持し促進する人たちが、その指示以上のことを意図していることは疑いない。事物の特性についての知識を獲得し、その知識を案内として使うことは、目的に手段を適合させる実利的合理性の規則であり、何であれ私たちの希望や意図を実現するためである。しかし自然への服従や自然との一致という一般原則は、単に実利的合理性の一般原則ではなく、倫理的な一般原則として支持されている。自然法について語っている人たちは、この一般原則を法廷によって執行され制裁によって守られるのに適した法であるかのように語っている。正しい行為は、単に知性的な行為ではなく、それ以上の何かを意味しているに違いない。けれども、知性的であること以上を命じる原則はどんなに広い哲学的意味で解釈しても自然という語とは結びつかない。それゆえ、私たちは、正しい行為と自然の結びつきの可能性を自然の別の意味のなかに探らなければならない。その別の意味では、自然は技術から区別され、私たちの観察のもとに現れる現象の全過程ではなく、その自然発生的な過程だけを表示する。

そこで続いて、自然という語の第二の意味で、想定されている自然に従うという一般原則に何らかの意味を付与することができるかを考察することにしよう。第二の意味での自然は人間の干渉なしに起こることを指す。そのように理解された自然において、何の干渉も受けていない事物の自然発生的な過程は、私たちが事物を利用しようとして努力している際に従うべき規則であるのだろうか。しかし、この意味でとられたとき［自然に従うという］一般原則が単に表面的な意味しか持たず、明らかに不条理であり自己矛盾であることは直ぐにわかる。なぜなら、人間の行為は自然という語の一つの意味で自然に従わざるをえないが、他方、まさに行為の目的や対象はもう一つの意味における自然を作り変え改良することだからである。もし事物の自然的な過程が完全に正しく満足できるものであったら、行為することはまったく余計なお世話であろうし、その行為は事物を改善できる可能性がない以上、ただ悪化させるだけであるに違いない。あるいは、およそ行為が正当化されうるなら、本能に直接従うときだけであろう。なぜなら、本能は自然の自生的な秩序の一部として説明されるであろうから。しかし、先のことを考え目的を持って何かを行うことは、その完全な秩序への違反であるだろう。もし人為的なものが自然的なものよりもよいのでないなら、すべての生活技術の目的は何であろうか。掘ること、耕すこと、建てること、衣服を着ることは、自然に従えという命令に直接違反している。

それゆえ、自然に従えというこの命令を後押しする感情の影響下にある人々も含めて、誰でも、いま述べたような事例にまで、この命令を適用するのは行き過ぎである、と言うであろう。誰もが公然と、自然に対する技術の偉大な勝利の多くを是認し礼賛する。たとえば、自然が分離していた両岸を橋で結ぶこと、自然の湿地を干拓すること、自然の井戸を掘ること、自然が地球の計り知れない深さに埋めたものを光のもとに引き出すこと、落雷を避雷針で避けること、河川の氾濫を堤防で防ぎ海洋の波浪を防波堤で防ぐといったことである。しかし、これらのことやこれに類する偉業をほめるなら、それは、自然の運行方式に服従するのではなく、自然の運行方式を征服すべきであるということを認めることである。自然力はしばしば人間に対して敵として向かってくるが、人間はそこから、力と工夫によって、彼が自分自身のために使うことができるわずかなものをもぎ取らなければならない。そのわずかなものでも、自然の巨大な力と比較した人間の身体的弱さから予想されることよりも大きいのだから賞賛に値する。およそ文明、技術、発明を称賛することは自然をけなすことでもある。それは自然の不完全さを承認することであり、不完全な自然を矯正し、緩和するようにいつも努力しているることは、人間の本分であり誉れである。

人間が自分の条件を改善しようとすればそれだけ、自然の自然発生的な秩序を非難し妨げることになるという意識が原因となって、いつの時代でも新たな前例のない改良が試みられると、それは一般にまず宗教的な嫌疑にさらされた。改良の試みはいずれにせよ、宇宙の森羅万象を支配している、あるいは自然の過程がその意志の現れであると想定されている強力な存在（あるいは、多神論が一神論に座を譲った後では、万能の存在）の機嫌を損ねる可能性が大きいと考えられたのである。人類の都合のよいように自然現象を鋳型にはめようとする企ては、上位の存在の支配への干渉であると思われやすい。その種の干渉が絶えず行わなければ生命は維持されえなかったろうし、とうてい快適なものではありえなかったであろうけれども、新しい企ては確かに、おそれとおののきをもってなされ、やがて、それを敢えて行っても神々の復讐をまねくことがないことを経験が証明した。頭の良い祭司たちは機知を働かせて、個別には侵犯があっても罰を免れ、同時に一般的には神の支配を侵害することへの恐怖を維持する方法を神々に示した。人間の主要な発明を、いずれかの神の贈り物や好意として考えることにしたのである。また、古い宗教は、神々に相談する多くの手段を用意し、何もなければ神々の専権事項の侵犯にあたると見えることについて明瞭な許可を獲得できるようにした。神託がとだえたとき、啓示を認める宗教が同じ目的のための方策を与えた。カトリックには無謬の教会という奥の手があったので、教会は人間の自発性の行使のどれが許されるか、また禁じられるかを宣言する権威を持った。そしてこの手段がない場合、特定の実践が明示的に、あるいは暗黙に認可されているかは、つねに聖書から引き出された議論によって判定された。自然を支配するそのような自由が、特別の許可がある場合だけ人間に許されており、しかも、それは人間の必要の範囲内においてである、という観念は存続した。そして、段々弱くなってきた傾向ではあるが、一定の限度と認められた範囲を超えて、自然に対して力を行使しようとすることは、神の支配力を奪い人間に許された以上のことをする向こう見ずな冒涜的なことであると見る傾向がつねにあった。ホラティウスの詩では、造船術や航海術といったありふれた技術が、ゆるされない罪〈*vetitum nefas*〉として非難されているが[3]、この詩行は、その懐疑的な時代においてさえまだ、その古い感情の使い果たされていない水脈があったことを示している。中世にもこれに相当する強い感情があったが、厳密にはこれと似ていない。悪霊に関する迷信があって、それが問題を複雑にしていたからである。しかし全能者の秘密を詮索しているという非難は、これまで長い間、変わり者の自然研究者に対する攻撃の強力な武器であった。そして、人間の先を見越す思考や工夫が新たに行使されることに対して、どんなものにも難癖をつけたいという欲望があるとき、おこがましくも摂理の計画を台無しにしようとしているという非難はいまだにその原初の力を保っており、他の反対意見に加勢して反対論を強める重りになっている。もちろん、創造の当初の秩序は変更されるべきではないとか、あるいはさらに、どのような新しい仕方でも変更されるべきでないということを創造者の意図であると主張する人はいない。しかし、あれこれの自然現象を制御することは結構だが、自然の一般構造は私たちが倣うべき模範であるという曖昧な観念は依然として存在している。つまり、細部においては多かれ少なかれ自由があるけれども、全体的には私たちは自然自体の運行方式が示す精神と一般概念によって導かれるべきであり、そして、その自然の運行方式は神の業であって、それ自体は完全である。さらに、人間は自然の比類のない優れた運行方式と張り合うことはできないが、どんなに不完全な方法であっても、それを真似ようとすることで自分の技術と敬虔を最もよく示すことができる。また、自然の自生的な秩序の全体ではなくて、話者の好みによって選ばれた特定の部分が、個別の意味では創造者の意志の現れであり、その部分が道しるべとなって事物一般が、したがってまた私たちの意志的な行為が進むように計画されている方向を指し示している、というような曖昧な考えがなお存在しているのである。この種の感情は、通常は日常生活の反対の流れによって抑えられているが、習慣に発言権がないといつでも噴き出す傾向があり、その感情に反対するものは、生まれつきの心の動きのなかでは理性以外には存在しない。そして雄弁家によるそれらの［本能的］感情への訴えは絶えず影響力を持っていて、反対者を納得させるというほどではないにせよ、少なくとも雄弁家が推奨しようと望んでいる意見をすでに持っている人々の気分をよくさせる効果はある。というのも現代においては、神の世界統治に似ているという理由で何らかの行為に賛同するよう説得することはめったにないからである。それでも、この議論は大きな力を持っており、説得を受けた者は、すでに認める気になっている何かを支持するために、その議論が役立つように感じるのである。

自然のなかに示された摂理の進行を模倣するという思想が、一般に通用する実践的原則として平明に直截に語られることが滅多にないなら、それは直接、反論されることも滅多にない。この思想に出会った人たちは、それを攻撃するよりも迂回することを好む。なぜなら、しばしば彼ら自身もいま述べた感情から自由でないし、いずれにせよ、創造者の力による作品をけなしていると受け取れかねないようなことを言って、不信心であるという汚名を受けることを恐れるからである。それで、彼らはたいてい自分たちにも反対者と同じくらい宗教的議論をする権利があるというかたちで議論を提出する。つまり、彼らが推奨する行為が摂理の進行とある部分で矛盾するようにみえるとしても、ある部分はむしろ、彼らの主張が反対論よりも摂理と一致するということを示そうと努める。巨大な先験的誤謬をこのような仕方で処理すれば、改善が進むことによって個別的誤謬は取り除かれるが、誤りの原因はなお存続していて、個々の論争によってはほとんど弱められない。とはいえ、これまでに幾つもの部分的勝利が先例として蓄積されているから、その先例に訴えることによって、この強力な偏見への反対論がなされる。その結果、この位置づけを誤った感情が、何度も撤退することを学んだ後、いつか無条件降伏に追い込まれる日が来るであろうという期待が次第に高まっている。多くの信仰深い人たちにとってどれだけ不快であっても、彼らは次の否定できない事実を受け容れるべきだからである。人間によって変更を加えられない限りでの自然の秩序は、正義と善意を属性として持つ存在ならばけっして造ることのないものであり、その存在が、自然秩序を理性的被造物がモデルとして従うように意図していることはありえないのである。もし自然秩序がすべてそのような正義と善意を持つ存在［である神］によって作られ、まったく違った存在によって作られた部分はないとすれば、それは意図的に不完全な作品であったとしか言いようがない。人間が限られた領域内で正義と善行によってその不完全な作品を修繕することが計画に入っているのである。これまでいつでも、最良の人々は、宗教の本質は現世での人間の最高の義務が自分自身を改めることにあると考えてきた。しかし修道士のような静寂主義者を除いて、すべての人は、彼らの心の内奥では、自己改革だけでなく（同じような明快さでその義務を進んで表明することはあまりないけれども）世界を改善すること、単に人間の部分だけでなく物質的な部分を含めて、物理的な自然秩序を改善することを宗教的義務に加えてきた。

この主題を考察するには、自然的な偏見と言ってもよい先入観から抜け出ることが必要である。この先入観は、それ自体自然で不可避であるが、もともと関係のない事柄に侵入するような感情を根拠としている。そのような感情の一つは、巨大な自然現象によって呼び起こされた驚きであり（これはあらゆる宗教的情緒と無関係に成立する）、これが畏怖に高められる。暴風雨、山の絶壁、砂漠、しけたり凪いだりしている海洋、太陽系やそれをまとめる宇宙の大きな力、際限のない天空、そして、教育を受けた心にとってはたった一つの星でも十分だが、これらはすべての人間の事業や力がとても取るに足りないと思わせる感情を喚起する。その感情で一杯になった心にとっては、人間のようなちっぽけな生物が人間を超える事物を批判的に見ることや、あえて自分自身を宇宙の壮大さと比較することは、見過ごしにできない僭越であるように思われる。だが、ちょっと自分の意識を自問してみれば、これらの現象がきわめて印象的な理由はただその広大さにある、ということがわかるであろう。空間や時間における巨大な広がりや、それらが例証する強大な力が荘厳さの要因であるが、この感情はどの場合でも、何らかの道徳的な感情に結びつくよりも恐怖と結びつく。そしてこれらの現象の広大な規模は驚嘆の念を喚起し、それと競争しようとするすべての思いを阻むけれども、それが喚起する感情は「人格的」卓越性を称賛する感情とはまったく異なる特徴を持つ。心のうちで畏怖が称賛を生み出すような人々は、美的感覚は発達しているかもしれないが、道徳的には洗練されていない。偉大さと力がありありと実在している様子を考えるとき生じる感情は、程度を高めれば苦痛と紙一重であるのに、私たちはそれをほとんどの快楽と見なされているものよりも好むようになる。これは、私たちの心に生まれつき備わる想像力の所産である。しかし、私たちは悪い力に直面するときにもまったく同様に、この感情を経験することができる。しかも、私たちが宇宙にある諸々の力に対してそのような感情を最も強く経験するのは、それらが悪をなす能力を持つことを、意識がありありと感じるときなのである。自然力は、私たちが真似できない、途方もない力を持っており、力が大きいという一つの属性だけで私たちを圧倒する。しかし、まさに真似できないほど巨大であるがゆえに、それらの力が持つ他の属性を私たちが倣うべき性質であると考えたり、自然がその巨大な力で私たちの前に置いた見本に合わせて私たちの小さな力を使用することを正しいと考えたとすれば、大きな誤謬推理になるであろう。

事実はどうなのであろうか。事実を直視する人が、宇宙の力の巨大さに次いで、誰でも最も強く印象づけられる性質は、それらの力の完全で絶対的な冷酷非情である。これらの力は目的に直進する。その途上で何をあるいは誰を押しつぶすかは考慮にいれない。最善説論者たちが「存在するものは何でも、正しい」[4]ことを証明したいのなら、自然が私たちを踏みつぶすのを避けるために進路からはずれることではなく、私たちが内心で自然が進路からはずれることを期待するのは非常に合理的でないということを主張するほかはない。「あなたが通るとき引力は停止すべきであろうか」というポウプの問いは[5]、普通の人間の道徳性を自然に期待する愚かな人への当然の叱責であるかもしれない。しかし、もしその問いが、人間と自然現象との関係ではなく、二人の人間の関係に関するものであったなら、その勝ち誇った表現は珍しい厚かましさの例と考えられるであろう。他人が「通る」ときに、それに構わず石を投げ続けたり、大砲を撃ち続けてその人を殺してしまった人が、仮に免罪を嘆願したとしても、当然、殺人罪と見なされるであろう。

冷静に見て、人間同士の間で行えば絞首刑にされたり投獄されたりするほとんどすべてのことを、自然は毎日遂行している。人間の法律によって最も犯罪的な行為と認められている殺人を、自然はあらゆる生物に一度は行う。しかも、ほとんどのケースでは、長引く拷問のような苦痛の後にそうするのである。それほどの拷問を生きている仲間の生物に行うのは、読み物に出てくる凶悪な怪物だけである。仮に、恣意的な限定をして、人生に割り当てられていると考えられる一定の期間の短縮だけを殺人と呼ぶことにしたとしても、自然は、わずかなパーセントを除いてすべての人生にこの殺人を行う。しかも、最悪な人間がお互いに生命を奪うような暴力的で狡猾なあらゆる様式でそうするのである。自然は人間を刺殺し、あたかも車輪で引き殺すようにし、野獣によってむさぼり食われるように仕向け、焼死させ、初期キリスト教の殉教者の場合のように石で押しつぶし、空腹で餓死させ、寒さで凍死させ、自然が発散する毒によって瞬時にあるいはじわじわと毒殺し、そしてナビス(6)やドミティアヌス(7)のような巧妙な残酷さでも及ばない他の何百もの恐ろしい死をまだ執行しないで残している。自然はこれらすべてを、まったく横柄に、慈悲と正義を無視して行う。最良で高貴な人々に対しても、最も卑しく悪い人々に対しても無差別に矢を放つ。最も高尚で意義ある仕事をしている人々を殺し、その死はしばしば、最も高貴な行為の直接の結果である。まるで、高潔な行為への刑罰のようにも見える。自然は、全人民の幸福や、場合によっては数世代先の人類の展望が掛かっている人々をなぎ倒し、良心のとがめはまったく感じない。死んだ方が本人のためであり、死ねば被害を被っている人々が喜ぶような人々をなぎ倒す場合とまったく同様である。このように自然は生命を扱う。自然は殺すつもりのないときでさえ、殺すときと同じような苦しみを無頓着にあたえているようにみえる。個体の生命をそれぞれ唐突に終わらせるので、動物の生命をたえず更新するという不器用な方式が必要になるが、この方式では、人間がこの世に生まれてくる場合には必ず、他の一人の人間が数時間あるいは数日、文字通り陣痛でひどく苦しみ、結果として死に至る場合もまれではない。ほとんど生命を奪うことに近いのは、（ある高い権威によれば同じことであるが）生活手段を奪うことである。自然は最大の規模で、そして最も冷淡な無関心さで生活手段を奪う。たった一つの暴風雨がある季節の収穫を破壊し、イナゴの飛来や氾濫がある地区を荒廃させ、食べられる根菜のわずかな化学変化が一〇〇万もの人々を餓死させる。海の波は、富者から富を、そしてあらゆる貧者からもわずかなものを等しく奪い取る無法者に似ており、人間の悪党の場合と同様に、略奪には身ぐるみをはぎ、傷つけ、殺すのである。手短に言うと、最悪の人間が生命や財産に対して犯すあらゆることが、自然によって大規模になされるのである。自然はカリエ(8)よりもさらに致命的な溺死刑を行い、メタンガスの爆発は人間の大砲と同じくらい破壊的であり、疫病やコレラはボルジアの毒杯をはるかにしのぐ。自然の運行方式に従うことであると考えられている「秩序」への愛さえ、実際には自然の運行方式と矛盾している。人々が「無秩序」とその帰結として非難することに慣れているようなすべてが、まさに自然の運行方式に当てはまるのである。暴風雨や伝染病は、不正や破壊や死の点で、無政府状態や恐怖政治よりもはるかにひどい。

しかし、こうした事がすべて賢明で善い諸目的のためであると言われている。これについて私がまず述べなければならないことは、そうであるかないかは、まったく的外れの論点だということである。もし外見に反して、自然によってなされるこれらの怖ろしいことが、善い目的を促進するためであるということが本当であったとしても、私たちがこの模範に従うことによって善を促進するとは誰も思わないであろう。自然は私たちが真似るべきモデルではありえない。自然が殺すから私たちが殺すのも正しく、自然が苦しめるから私たちが苦しめるのも正しく、自然も同じことをするから破壊することを正しいとするのか。それとも自然が何をするかはいささかも考慮せず、何を行うのが善であるのかを考えるべきか。二つに一つである。もし、背理法というのがあるとすれば、これは確かに一つの背理である。自然がそれを行うということが、あることをなす十分な理由であるなら、別のことについてはなぜ十分な理由にならないのか。すべてのこととの十分な理由でないなら、なぜ、あることについては理由になるのか。自然による世界の統治は、人間によってなされたなら最大の極悪だと考えられるような事物で満ちているから、私たちが自然過程との類比で自分の行為を導くことは、宗教的でも道徳的でもありえない。私たちにはきわめて有害であると見え、人為的に産み出された場合には犯罪以外のものとは誰も考えないような自然の事実のなかに、たとえ、どのような善を産み出す神秘的な性質が潜んでいたとしても、この命題は真理である。

しかし、現実には、何らかのそのような神秘的な性質を矛盾なく信じている人はいない。完成ということを自然過程に当てはめようとする章句は、詩的なあるいは信心深い感情の誇張としてのみ考慮に値するのであり、冷静な検査に耐える意味を持たない。宗教的な人も、宗教を持たない人も、人間という理性的生物を立ち上がらせ、有害な作用と闘うように鼓舞しなければ、自然の有害な作用が全体として善い目的を促進することはありえないと思っている。もしそれらの有害な作用を手段としなければ、賢明な目的が達成されないように、慈恵的な摂理によって定められていると信じるのなら、人間によってなされるあらゆること、つまり、これらの自然の作用を抑制したりその有害な作用を制限したりすることは、有害な湿地を干拓することから歯痛を治すことや傘をさすことまで、不信心であると見なされるべきである。しかし、確信を持ってそう考えるひとは誰もいない。ただときおりその方向に流れる感情の底流がみられるだけである。反対に、人類の中で文明化した人々が最も誇りに思うような改良は、自然の災害をうまくかわすことによっている。しかし、多くの人々が言うことを言葉通りにとるなら、私たちは、そうした災害を無限の叡智によって私たちの地上の状態のために与えられた治療薬として大切にしなければならないということになる。そうすると、また、ある世代がさけることに成功した自然的悪の量は、前の世代よりも増えているのだから、もしこの理論が正しいなら、私たちの状態は今日までに何らかのとてつもない災害の怖しい出現に出会っているはずであったが、私たちが管理することを学んだ自然災害は、そうした巨大災害に備えての、一種の予防接種だったということになる。しかし、それが真相であると考えているかのように行為する人は、聖人として尊敬されるよりは、精神異常者として監禁されるだろうと私は思う。

もちろん、善が悪からでてくることはありふれた事実である。そのときには、それを吹聴してまわる人々がいない方がよい。しかし第一に、善が悪から出ることは、人間の犯罪についてよくあるが、自然の大災害にもかなりある。ロンドンの大火は、この都市の衛生状態にとても有益な結果をもたらしたと信じられているが、たとえそれが記念碑に長く記されていたとおり、本当に「教皇主義者の暴動」によるものであったとしても、まったく同じ結果をもたらしたであろう。何らかの高貴な目的のために専制君主や迫害者たちによって殺され殉教者になった人々は人類に貢献したが、それは、もし彼らが事故や病気で死んだならできなかった貢献であったろう。しかし、犯罪からどのような付随的で予期しない利益が生じても、犯罪は犯罪である。第二に、もし善が頻繁に悪から出てくるというなら、悪が善から出てくるという逆の事実も同様にないわけではない。それが起きたことは遺憾であるが、何らの予期されなかった善い結果によって、後になって摂理であったと言われる出来事が公にあるいは私的に起こったとすると、それに対してはいずれの場合にも別の出来事が対置されるであろう。つまり、それが起きたときには幸運であると思われた出来事が、利益になると思った当人にとって結局、有害であったり致命的であったりすることがある。始まりと終わりの間の、あるいは出来事と期待との間のこのような食い違いは頻繁に起こるだけでなく、快適な出来事に遭っても、苦痛な出来事に遭っても、しばしば、その食い違いがあることに注意せよと勧告される。しかし、こうした事例にもとづいて一般化できるような同一の傾向は存在しない。言い換えれば、現代人（古代人なら別であるが）は、それらをどちらにせよ神の目的の兆候であるとは見なさない。現代人はそれを、我々の予見の不完全さ、出来事の不確実さ、人間の期待の虚妄といったことによると考えて納得する。事実、人間の利害はとても複雑で、どの出来事の影響も多様な面を持つ。したがって、もしそれが人類全体に関係するなら、人類への影響の大部分は善と悪の両方である。もしより多くの個人的な不運に善い側面があるなら、当人あるいは他人に何らかの意味で遺憾の結果にならない幸運もない。そして、不幸にも、不運が圧倒的であって、そこに幸運な側面が仮にあっても、まったく覆い隠されてしまい無意味になってしまうような不運はたくさんある。しかし他方、幸運の方については、同じようなことは滅多に言われない。また、すべての原因は偶然的に付随する状況に大きく依存しているので、全体の結果が優勢な傾向にはっきり対立するような事例が多く発生するであろう。こうして、悪が善い面を持ち、善が悪い面を持つばかりでなく、善はしばしばそれに勝る悪を産み出し、悪はしばしばそれに勝る善を産み出す。しかし、これはどちらの現象についても一般的傾向ではない。反対に、善も悪も自然に同じ種類のもの、つまり善は善を悪は悪を結実させる傾向がある。「持てる者は与えられ、持たざる者からは持っているものさえ奪われるであろう」[9]ということが、自然の一般的な規則の一つであり、自然に内在する不正の一部である。普通は、優勢な善の傾向は、善を増大させる。健康、活力、富、知識、徳は、それ自身が善いだけでなく、同種のそして異種の善を獲得することを容易にさせ促進する。苦もなく学習できる人は、すでに多くを知っている。病人ではなく壮健な人が、一番よく健康を増進させることをすることができる。金銭をかせぐことが苦にならない人は、貧乏人でなく金持ちである。健康、活力、知識、才能はすべて富を得る手段になる一方、富はしばしばこれらのものを得る不可欠な手段である。また、他方、善に変わる悪について何が言われるにせよ、悪の一般的傾向は悪を増大させることである。身体の病気はさらに病気に罹りやすくする。それは身動きができないようにし、ときには精神衰弱にし、しばしば生活手段を失わせる。あらゆる強い苦痛は、身体的なものであっても精神的なものであっても、以後の苦痛に対する感受性を増大させる傾向がある。貧困は多くの精神的悪と道徳的悪の原因である。さらに悪いことに、傷つけられ圧迫されることが習慣的になると、その人の品性全体が下降する。一つの悪い行為が、それをする本人、それを見ていた人、被害にあった人にとって、他の悪い行為をする呼び水になる。すべての悪い性質は習慣によって強化され、すべての悪徳と愚行は伝染する傾向がある。知的欠陥は道徳的欠陥を発生させ、道徳的欠陥は知的欠陥を発生させる。知的欠陥や道徳的欠陥はどれも他の欠陥を産み出し、その増幅には終わりがない。

この点で、世間でもてはやされている著作家、つまり自然神学について書いている人たちは、全員、完全に道を見失ってしまった、と私は考えたい。彼らは、二つの命題が矛盾したときその矛盾に気がつく人ならば受け容れることができるはずの、ただ一つの議論の筋道を取り損ねてしまったのである。彼らは詭弁の限りを尽くして、現世のすべての苦しみはより大きな苦しみを防ぐためであるかのように見せた。——つまり、悲惨があるといけないので、そうならないように悲惨があるというのである。このテーゼは仮にうまく主張できたとしても、それが説明することができ正当化できるのは有限な者の仕事だけであろう。有限な者は、自分自身の意志から独立した条件のもとで仕事をするように強いられている。しかし、このテーゼは全能であると考えられている創造者には適用できない。全能の創造者なら、必然性に従わなければならない場合には、自分の好む必然性をつくるであろう。世界の創造者が何でも意志通りにできると仮定し、その創造者が不幸を望むとすれば、結論は不幸であるほかはない。「神の人間に対する処遇を弁護する(10)」資格があると思った人々のうち、比較的首尾一貫した人々は、その「不幸の必然性を認める」選択肢をかたくなに拒み、不幸が悪であることを否定した。彼らは、神の善性は被造物の幸福ではなく徳を望むところにあり、この宇宙は幸福でないにしても正義にかなう宇宙である、と言う。しかし、反対論をそのような倫理の枠組みによって一蹴することでは問題はいっこうに解決しない。もし人類の創造者の意志が、人類全員が徳を持つことであっても、すべての人が幸福であることを意志したときと同様に、創造者の意図はまったく実現を阻まれている。それにまた事実、自然の秩序は、慈愛の要件に無頓着である以上に、正義の要件にも無頓着であるように組み立てられている。もしすべての創造の法則が正義であり創造者が全能であるなら、全体でどれほどの量の苦痛や幸福が世界に分配されるにしても、苦痛や幸福の各人への割り当ては、その人の善い行動や悪い行動に正確につりあっているであろう。他人よりも不公平な目に遭い、悪い待遇を受ける人もいないであろう。そのような世界では、偶然的な不幸や依怙贔屓は出る幕がなく、あらゆる人生は、非の打ち所のない道徳説話のように組み立てられた劇を演ずるようなものになるであろう。私たちが生きている世界が、そのような世界とはまったく異なるという事実に目をつむることができる人はいない。だから、不均衡を是正する必要があり、この必要が死後の別の生を支持する最強の議論の一つと見なされてきたのである。これは、結局、現世の事物の秩序は正義の例ではなく不正義の例であることが多いという事実を承認していることを意味する。神が善人に報い悪人を罰するとき、快楽と苦痛を重視せず、徳自体を最大の善とし、悪徳を最大の悪として考えていると言われるなら、少なくともその善と悪が、本人がしたことに応じてすべての者に与えられるべきである。そうならずに、ありとあらゆる種類の道徳的欠陥が多くの人々に誕生とともに宿命的に与えられている。それは、両親、社会、どうにもできない状況が原因となっているが、断じて生まれてくる人々の過ちのせいではない。宗教的・哲学的熱狂主義によって作られたどんなゆがめられた狭隘な善理論でも、自然の支配を、善にして同時に全能な神の仕事になぞらえることはできない。

創造に関して、ただひとつ承認できる道徳的理論は、善の原理［としての神］は、物理的・道徳的悪の諸力を一挙に完全に征服することはできないので、人類をいつも悪の力と戦っている必要がない世界に置くことができなかったということである。あるいは、人類をその闘争でいつでも勝利するようにはさせず、むしろ、人類を根気強く戦わせ、段々とその成功を増大させていくということができたのであり、事実そうしたのである。自然秩序についてのあらゆる宗教的説明のうち、これだけが自己矛盾しないし、説明しようとする事実とも矛盾しない。この説明に従えば、人間の義務は、逆らえない力［としての神］に服従して自分の利益のことだけを心配することではなく、完全に善きことを行う神の補助者として、必ずしも無能とはいえない働きをなすことになるであろう。これは一種の信仰であるが、悪の作者であるとも解釈できる善の創始者への曖昧で矛盾した信頼よりも、ずっとよく人間を奮闘させるように思われる。このような信仰は、意識されていないことが多いが、人を監督する摂理への信頼から価値ある力と支持を引き出してきた人々全員の信仰でもあったのだと私は敢えて言いたい。宗教ほど、人間が実際に信じていることを、その信念を表現するために使う言葉によって間違って語っている主題もない。多くの人々が、全能ではあるが気まぐれで専制的な神に好意を持たれていると想像し、そこから卑屈な自信を引き出してきた。しかし、一定の力を持った善良な世界統治者が同情を持って応援してくれることに信頼して善性を強められてきた人々は、その統治者が、用語の厳密な意味で全能であるとはけっして思ってこなかった。私はこの事実に満足している。このような人々は、いつでもこの統治者の力を犠牲にして、その善性を護ってきた。この統治者はその気ならば、自分たち一人一人の人生からすべての棘〈苦痛〉を取り除いてくれるかもしれないが、そのことによって誰か他人により大きな被害が及んだり、何か、一般的幸福にとってもっと重要な目的の達成が妨げられることがあるかもしれないと考えてきたのである。彼らは、この統治者は一つのことなら何でもできるが、複数のことをまとめてはできないと信じてきた。また、この統治者の統治は、人間の統治の仕方と同じく調整と妥協の体系であり、世界は不完全であって、統治者の意図と矛盾するのは仕方がないと信じてきた(11)。神ができるだけ不完全でなくなるように全力をあげても、これ以上よくならないことを見て、彼らは、この［神の］力は人間の見積もりをはるかに超えているけれども、それ自体は有限であるばかりかきわめて限界を持っていると見なさざるをえないのである。たとえば、神が被造物である人間のためにすることのできた最善のことは、存在していなかった無数の人々を、(彼ら自身には落ち度がないのに)パタゴニア人、エスキモーなどの野蛮で品位のない人として生まれさせることであった。神がその人たちに与えたのは、開発するのに何百年の苦労が必要な能力だけであった。最良の模範になるような人間たちが幾多も犠牲になった後で、ようやく、少数の選ばれた人たちが幾らか進歩する。そして、数百年かけて、それまでぱらぱらと特別な事例にしか見られなかった本当に善い状態にやっと到達するのである。プラトン的に言えば、完全な善は手に負えない物質によって四方八方で限界にぶつかり挫かれながらも、そうしてきたのである。[12] なぜなら、できる最善のことはそれだけだったからである。こう考えずに、完全に賢明で善良な存在[である神]が、物質に対して絶対的な支配力を持ち、自由意志でいまある物質を作ったことを認めるのは、道徳的善悪について単純明瞭な観念を持っている人には不可能であったであろう。どのような宗教的言葉を使おうと、このような人は、もし、自然も人間もともに完全に善良は神の作品であるなら、その神は、自然を人間によって模倣されるのではなく、改善されるように設計しているのだと信じているはずである。

しかし、たとえ自然全体が完全な英知と善意の意図を実現していると信じることができなくても、人々は、少なくとも自然の一部が模範あるいは原型として意図されているという考えは、あえて否定はしない。また、創造者の作品のあちこちの部分には、この創造者に帰するならわしになっている道徳性質の形が刻印されており、存在するもののすべてではないが、あるものはあるべきものの欠陥のないモデルであるばかりか、私たちが他のものを矯正するときの案内や基準になるように計画されている、といった考えをあえて否定はしない。［一般に］善に向かう傾向は模倣され完成されるべきであり、悪に向かう傾向は是正されるべきである、ということを信じるだけでは彼らには十分ではない。彼らは、創造者の意図をもっと明快にしめす徴候を求める。神の作品のどこかにそれがあるに違いないと信じ、向こう見ずにも、その部分を詮索し選択しようとするのである。創造者は善を意図し悪をまったく意図していないという一般原則によって導かれていることを除いては、選択は必然的にまったく恣意的なものにならざるをえない。そして、もし、選択がその一般原則から引き出されること以外の結論に導くなら、その選択はその程度に応じて、その分だけ危険である。

これまで、自然の秩序のどの部分が、私たちの道徳的な教化や指導のために設計されていると見なされるのかが、何らかの公認の教義によって決定されてきたことはなかった。それゆえ、各人の個人的な傾向、あるいはそのときどきの便宜によって、神の統治のどの部分が、彼が確立したいと思っている実践的結論と類比的であるかが決定され、その部分が推薦されてきた。そのような推薦は、それぞれ誤りであるほかはない。なぜなら、創造者の作品の何かが他のものよりも神の性格を比較的正しく表現しているということを決定することは不可能であるからである。不道徳的な結論を導かないただ一つの選択は、一般善を一番多く導くものを選ぶことである。しかしこれは、言い換えれば、もし［被造物］全体の体系的計画が、一人の全能で首尾一貫した意志の表れだとするなら、あきらかにその意志によっては意図されていない目的に向かっているものを選択することなのである。

しかし、世界の構造のなかには一つの特別な要素がある。それは、創造者の意志の特別な兆候を探している精神には、特別な計らいで人間に与えられているように見え、かなりの説得力を持っている。その要素とは人間や他の生物の行動的衝動である。このような人々が、次のように論じるのを想像することができる。自然の創造者がただ環境だけを創ったとき、理性的被造物がこの環境に適応する行動様式を指示するつもりはなかったのかもしれないが、彼が被造物のなかに一定の行為をかきたてる積極的刺激を植えつけたとき、環境への適応行為を被造物が行うことを神が意図したことは疑いえない、と。しかし、この推論を首尾一貫して進めると、人間がすることは何でも神が意図し賛成しているという結論になるであろう。というのは、人間がすることはことごとく創造者が与えたに違いない何らかの衝動の結果であるから、すべては平等に神の意志に従ってなされていると考えられねばならないからである。この実際的結論をさけねばならなかったので、人類の行動的本性の全体ではなくてある部分だけを区別し、それが人類の行為に関して特別に創造者の計画を示していると言わざるをえなかった。この部分には、人間自身の技ではなく神の手が働いているに違いないと解釈することが自然であるように見えたのである。神が創造した人間と、人間が自分でつくる人間の対立が語られることが多かったのは、そのためである。熟慮の上でなされたことは人間にとっていっそう自分の行為のように見えるし、そのような行為に対しては、単に衝動的に行ったことよりも一層全面的に責任があると見なされるので、人間行為の思慮する部分が人間に割り当てられた仕事であり、思慮に関わらない部分は神の仕事と考えられる傾向がある。その結果、理性を犠牲にして本能を高めるという、近代世界にある共通の心情〈sentiment〉の傾向が生じた（これは古代哲学にはなかったことである）。この異常な状態をいっそう悪質なものにしたのはそれと結びついて主張される見解、つまり、疑問を持つ間もなくとっさに作用するすべての、あるいは、ほとんどすべての感情や衝動は一種の本能であるという見解である。こうして、ほとんどあらゆる形態の、反省されず計算されない衝動がほとんど神聖視される。例外は、そのときは反省されていないが、それ以前の習慣的反省に起源を持っているような衝動である。こうした衝動は明らかに本能的ではないが、他の衝動ほどは好まれない。その結果、思慮のない衝動のすべてが、おそらくきわめて正しいいくつかの例外を除いて、理性よりも権威を持つようになったのである。もちろん私が言いたいことは、このような判断様式が首尾一貫して遂行されるべきだと主張されているということではない。衝動が必ず制御され、理性が私たちの行動を支配すべきであることを認めなければ、生活は到底維持できないであろう。したがって、じっさいに主張されていることは理性を操舵の席から追放することではなく、理性が一定の仕方で支配するように理性に制限をつけることとである。本能が支配するというのではないが、理性は、どれだけとは決められないものの、一定の漠然とした量の敬意を本能に対して払わなければならない。本能を神の目的の特別な表れとして支持する意見は、いまのところ一貫した一般理論の形をとっていないが、いつも頑固な偏見となっており、心中の理性的機能の語ることが指令力を持つ権威になっていない場合には、理性に敵対するまで高められるときがある。

ここでは、何が本能であり、何がそうでないかという難しい心理学の問題に立ち入るつもりはない。その問題についてはそれだけで一冊の本を書く必要がある。論争されている論点にはまったく触れなくても、人間本性のなかの本能的部分に人間性の最も卓越した部分の価値を認めることはできないと判断することはできる。――本能的部分は、無限の善と知恵を持つ存在の働きが特に見える部分ではない。これまで本能であると言われてきたすべてのことを、そのまま本能であると認めたとしても、人間のほとんどすべてのまともな属性は、本能の結果ではなく本能に勝利した結果であることは依然として正しい。そして自然のままの人間のなかで価値があるものは、実現されるためにはもっぱら人為的な訓練によるほかはないような、いまだ可能性に属する諸能力だけである。

人間本性が高度に人為的になった状態において初めて、善が自然であるという観念が成長したのであり、人為的状態がなければ、そもそもそのような発想はでるはずもなかったと私は考える。長い人為的な教育をへて初めて善い心情が習慣になり悪い心情に勝るようになったのであり、必要な状況で指示を受けなくても発動されるようにまでなったのである。人類が自然状態に近かった時には、教養のある観察者は自然人を、狡猾であるという点によって野生の他の動物と区別されるだけの一種の動物と見なした。およそ価値ある性格のすべては、一種の飼い慣らしの結果であると考えられたのである。古代の哲学者たちは、この飼い慣らしという表現を、人間に適した訓練を指す場合によく使用した。本当は、人間の卓越した性格のうち、人間本性の純朴な感情が反発しないですむようなものは何一つ存在しないのである。

徳のなかで、私たちが未開状態にあるだろうと考え、実際その通り存在するのは、勇気という徳である。しかしこれは徹頭徹尾、人間本性の最も強力な情動の一つだけを相手にして達成された勝利である。もし人間の感情や属性のなかで、最も自然な感情や属性があるとすれば、それは恐怖である。人為的訓練の力を証明する上で最大のものは、訓練がいつの時代どのような場所にあっても恐怖という強力で普遍的な感情を克服することができたということである。人によってかなり大きな差があり、この徳を獲得することが易しい人間と難しい人間がいることは疑いえない。人間の卓越性の分野で、最初の気質の違いがこれほど、後々まで影響する分野はない。しかし、生まれつき勇気のある者がいるかどうかは問うてよいであろう。多くの人は生まれつき、けんか早く、怒りっぽく、熱狂的である。そしてこれらの情念は、昂揚すると恐怖を感じさせなくする。しかし、その対抗する情動が取り除かれると、恐怖はその支配を再び主張する。一貫した勇気は、つねに修練の結果である。未開の部族の間でときどき見られる勇気はけっして一般的ではなく、スパルタ人やローマ人の場合と同様に主として修練の結果である。このような部族ではすべて、公共的心情には強い一つの方向があり、あらゆる表現を通して、勇気は名誉を与えられ、臆病は軽蔑され嘲笑される。心情の表現はその心情をうちに含んでいるから、若者が勇気を持つよう訓練することは、もともと、勇気ある人々が存在したことを前提にしているといってよいかもしれない。その訓練は、あらゆる善い慣習が前提にすること、——つまり、他の人々よりも善い、慣習を創出する人々が存在しなければならないということだけを前提としている。ある人々は他の人々と同様に克服しなければならない恐怖を持っていたが、自分自身で恐怖を克服する精神力と意志を持っていたに違いない。こうした人々は英雄が持つような影響力を持つ。なぜなら、驚嘆すべきことであり、同時に明らかに有益であることが賞賛されないことはないからである。そして、部分的にはこの賞賛によって、そして部分的には彼ら自身が引き起こす恐怖によって、彼らは立法者の権力を獲得し、思うままに慣習を打ち立てることができたのである。

次に、人間と他の下等動物を分ける、最も目につきやすくまた最も根源的な道徳的区別になる一つの性質を考察しよう。何よりもそれがなければ人が動物になってしまうのは、清潔という性質である。この清潔ほど、全面的に人の手入れによっているものがあるだろうか。子供や、ほとんどの国の下層階級は、実際に不潔な状態を好むように見えるし、人類の大多数は不潔であっても気にしない。また、他の点では文明化した国民や教養ある人間も、いまだに何らかの最悪の形での不潔を平気で許容している。ほんのわずかな少数者だけが絶えずそれを不快に思っているのである。実際、そのことについての普遍的な法則は、不潔に馴染んでいない人たちだけが不潔さを不快に思うということであるように思われる。不潔にまったくなれていない人工状態で生活している人たちだけがあらゆる不衛生を不快に思うのである。あらゆる徳のなかで、これが本能的ではなく、本能への勝利であることは最も明白である。清潔や清潔への愛が人間に生まれつきものではないことは確かである。生まれつき備わっているのは、清潔への愛を獲得する能力だけなのである。

これまで出した例は、もっぱら個人的な徳、あるいはベンサムの言い方を用いれば、自分の利益になる徳から取ってきたものである。なぜなら、これらの徳が存在しているなら、その徳については、教養のない人もよく理解していると考えられたからである。社会的な徳についてはほとんど言うまでもないが、あらゆる経験が、利己性が生まれつきのもの〈自然〉である、とはっきり判定している。

しかし他方、私はそれを理由として、共感もまた自然であることを否定するつもりは毛頭ない。むしろ反対に、善と品性を開発することができるかどうか、善と品性の二つが最終的に大きく向上する期待が実現するかどうかは、この共感が生まれつき備わっているという重要な事実に掛かっている、と私は考えている。しかし、共感に富む性格を持つ人々であっても、教育されず、共感的な本能に支配されているなら、他の性格の人々と同様に利己的である。違いは利己性の種類にある。そうした性格の利己性は孤立的ではなく共感的な利己性なのである。二人の利己主義、三人の利己主義、四人の利己主義、である。彼らは共感する人々に対してとても愛想がよく快活であるかもしれないが、世界のそのほかの人々には、ひどく不公平で思いやりがないということがある。実際、共感能力が高く大いに共感を必要とする感受性のつよい神経組織は、その繊細さゆえに、あらゆる種類の強い衝動をより多く持っているので、冷酷な性質の神経組織よりもいやな利己性は少ないにせよ、しばしば利己性の最も際立った実例となる。指導者や、友人や本から教えられることなく、理想に従って意図的に自己形成をすることを一切しないで、生まれつきの善意がどのような利己心よりも強力な属性になった人物がいまだかつていたかどうか。それは分からないとしておこう。だが、そのようなケースがきわめてまれであることは誰もが認める違いない。ここでの議論のためにはそれで十分である。

しかし（他人の利益のための自制についてはこれ以上話題にしないが）、自分自身の利益のための最も普通の自制は、遠い先の目標や一般的な目的のために現在の欲望を犠牲にする力である。それなしに、個人は自分にとって何が善いかを考え、その観念に従って行動することはできない。しかし、まさにこの自制こそ、訓練されていない人間にとっては最も不自然なことなのである。それが不自然であることは、自制に至るために子供が長い間、見習い訓練を受けている様子や、権力の座につくために生まれ、幼いときから自分の意志がめったに抵抗をうけずに甘やかされた人物が、非常に不完全な仕方でしか自制を身につけられないことに見られる通りである。あるいは、未開人や、兵士や船員、そして、いくらかましではあるが、我が国でも外国でも、貧しい階級の人々が、この自制を明らかに持っていないということに見られる通りである。この徳と他のもろもろの徳との基本的な相違で、いま考察している論点に関わることは、この自制の徳は他の諸々の徳と同様に教育される必要があるが、より一層、自己教育〈修養〉によって形成されるということである。自制はただ経験によって学ばれるという公理は言い古されている。そして、自制という資質も、個人の経験が外からの教育なしに生み出すことのできる一定の傾向を持っている限り、私たちがこれまで述べてきた他のどの資質よりも自然である。他のもろもろの徳の場合と同様に、自然自体がこれを与えるのではない。しかし、自然はしばしば賞罰を使ってこれを開発する。そうでなければ、この明確な目的のために賞罰が人為的に造られなければならない。

正直は、あらゆる徳のなかでも、自然であるという主張が最も通りやすいもののように見えるかもしれない。なぜなら、正直に語ることを妨げるような反対の動機がないとき、語られることは通常、事実に合致するか、少なくとも意図的に事実から離れることがないからである。したがってルソーのような著作家は喜んで、この正直という徳で未開人の生活を飾りたて、文明の虚偽と詐欺をこれと効果的に対比することができた。残念ながら、これは空想的な描写であり、未開人の生活の実態とはまったく相容れない。未開人は常習的に嘘をついている。彼らは、徳としての真理ということをまったく考えていない。彼らが考えているのは正直に語って自分が傷つくことがないかどうかであり、特別の責務の紐帯で結びつけられている人々、たとえば首長、客、あるいは友人のこともあろうが、そういった人たちをいかなる仕方でも傷つけないということである。これらの人々に対する責務の感情は未開状態で教えられている道徳であり、未開状態特有の状況から発生した。しかし、真理を真理ゆえに尊重する徳義は、彼らにとって思いもよらない観念である。それは東洋全域、そしてヨーロッパの大半においても同様である。しかも、真理を真理ゆえに尊重する徳は十分に進歩した数少ない国々でも、少数の人々に限られている。これらの人々だけが実際に試練に遭ういかなる状況下でも真理を真理として尊重する。

「自然的な正義」という表現が一般的に使用されているところから見て、正義は、自然によって直接的に植えつけられた徳であると一般に考えられている、と推定しなければならない。だが、正義の感情の起源はもっぱら人為的である、と私は考える。自然的正義という観念は、慣習的正義の観念に先立つのではなく、その後に出てくるのである。人類の初期の思考様式を遡ってみると、古代（これは旧約聖書に書かれた時代を含む）のことを考えても、あるいは、未だ古代の状態から進歩していない人類を考えても、遡れば遡るほど、人間の正義についての諸観念が一層完璧に明確な法の適用によって限定され規定されていることが解る。ある人の正当な権利とは、法が彼に与えた諸権利を意味した。正しい人とは、他人の法的所有物や法的権利をけっして侵害せず、侵害しようともしない人のことであった。法それ自体が従う義務がある高次の正義の観念、あるいは、実定法の規定がなくても良心を縛る高次の正義の観念は、法的正義によって示唆され、それとの類推から出てきた観念を後で拡大したものである。正義感覚にはさまざまな陰影や変種があっても、高次の正義は一貫して法的正義と平行の方向を維持し、ほとんどすべての語法を法的正義から借りている。「正しい」〈*justus*〉「正義」〈*justitia*〉という言葉自体「法」〈*jus*〉に由来する。正義の法廷〈courts of justice〉、正義の執行〈administration of justice〉と言えばいつでも裁判所を意味する。

人間本性にはこれらすべての徳の萌芽があるに違いない、そうでなければ人類は徳を獲得する能力がないと言われるなら、ある程度の説明があれば、私はその事実を認めるつもりである。しかし、この善をなす萌芽と土地を争っている雑草は萌芽ではなくすでに繁茂してよく育った茂みであるから、人類が相互にこの善い萌芽を大切にする関心を強く持ち、自分たちの知性の程度（この知性の点でも他の点でも人類はまだまだ非常に不完全である）が許容する範囲でいつでもそうするのでないなら、雑草は一〇〇〇分の一の例外を残して善をなす萌芽を窒息させ滅ぼしてしまうであろう。早期に開始され悪影響を受けないで育成された場合にのみ、幸運な環境におかれた見本となる事例において、人類に可能な最も高尚な感情が第二の天性になり、第一の本性よりも強くなる。最初の本性を屈服させるというよりそれを取り込むのである。自己教育によって同じような卓越性に到達した恵まれた組織についても、本質的には同じことが原因になっている。人類の一般的感情を書物が伝えることや、理想のあるいは実在する優れた人格を見ることなしに、どんな自己教育が可能であろうか。この人為的に創られた、あるいは少なくとも人為的に完成させられた最善で高貴な人間の本性だけが模倣を推奨される本性である。これすらも、行為の基準として立てられないことは言うまでもない。なぜなら、これ自体が、一定の訓練と修養の成果なのであり、その訓練と修養を選ぶことが合理的であって偶然ではないなら、その選択もすでに選ばれている基準によって決定されているに違いないからである。

このように簡略に調べてみただけでも、人間の自分の本性に対する義務は、他のすべての事物の本性に対する義務と同じであるということ、すなわち、その本性に従うのではなく改良することであることが十分に証明される。しかし、本能は理性に従うべきであるということを否定しようとしない人々のなかには、自然に敬意を払い、すべての自然的傾向にはそれに割り当てられた行為の領域があり、その傾向を満足させるために残された余地があると主張する人たちがいる。この人たちは、すべての自然的願望は、一定の目的のために植え付けられているはずだと言う。そして、この議論はさらに先に進んで、よく聞くように、すべての願望は、それを持つことが自然であると想定されるなら、宇宙のなかにその願望を満たすための対応する準備があるはずだという主張になる。こうして（たとえば）多くの人々が、無限に生き続けたいという願望は、それ自体で来世の実在性を十分証明すると信じている。

まず、摂理の計画を具体的に調べ、その計画を発見した後で摂理の実行を援助しようとするこうしたすべての試みには、根本的な無理がある、と私は思う。個別の兆候から摂理があれこれのことを意図していると論じる人たちは、創造者は意思のとおりにすべてを行うことができると信じるか、そうはできないと信じるか、どちらかである。もし最初の仮定をとるなら、――摂理が全能ならば、摂理は何が起ころうとそれを意図している。起こったという事実は、摂理がそれを意図したことの証明である。もしそうならば、人間ができることはすべて摂理によって予定されており、その計画の成就である。しかし、これよりも宗教的な理論によれば、摂理は起こることのすべてを意図しているのではなく、善いことだけを意図している。その場合には、人間は意志的行為によって摂理の計画を援助する力を持つということになる。しかし、人が持っている自然的傾向ではなく、何が一般的善を促進するかということを考える以外に、摂理の意図を知ることはできない。というのは、この説明では、神の力は不可解な克服できない障害によって限界づけられているはずであるから、人間が、満たされない、また満たされるべきでもない欲望を持たない姿で創造される可能性があった、とは誰も言えないからである。人に与えられている諸傾向は、自然のなかに見られる他の機制と同じように、神の意思の表現ではなく神の自由な行為を妨げる足枷の表現かもしれない。だから、そうした諸傾向から我々自身の行為を導くヒントを得るのは、敵がつくった罠にかかりに行くようなものかもしれない。私たちが、無限の善［である神］が望むことなら何でもすべてこの宇宙のなかで実際に起こると想定したり、少なくとも、起こらないと言ったり起こらないと仮定してはいけないと思うなら、それは、騙されずすべての虚偽を嫌うと信じられている存在［である神］に対して、奴隷の恐れから虚偽の儀礼を捧げる者たちにとってのみ価値がある。

すべての自然的衝動、そして本能であると言っていいくらい十分に普遍的で十分に自発的なすべての傾向は、善い諸目的のために存在しているに違いないのだから、規制しても抑圧はしてはいけないという、この特殊な仮定に関して言えば、もちろんそうした衝動や傾向の大多数については正しい。多くの傾向が種の保存のために必要で役に立つものに向かっていなかったなら生物種は存続できなかったであろう。しかし、本能を非常に少数のものに限定できるなら別だが、そうでなければ、私たちが悪い本能を持っていることも認めなければならない。悪い本能を単に規制するだけでなく根絶やしにすること、あるいは（本能というようなものに対してできることはそれしかないが）使用しないで死滅させることを、教育は目指すべきである。本能の種類を増やす傾向のある人たちは、通常、本能のなかに破壊性というものを含める。つまり、破壊のために破壊をする本能である。私は、これを残しておく理由を思いつかない。本能ではないが非常に似たもの、支配本能と呼ばれてきたもの、つまり専制的な行為をすることや、他の存在を自分の意志に従属させることに喜びを感じることについても、これを残しておく理由はない。権限が行使される目的を離れて、単に権限を行使することを喜ぶ人には、誰も権限を預けようとはけっして思わない。また、性格が残忍な人たち、あるいは生まれつき〈本性的に〉残忍であると言われるような人、苦痛を与えることを喜んだり、それを追求したりする人たちがいる。この種の残忍さは、単に思いやりがないとか、あわれみや罪悪感が欠如しているということではない。それは積極的なことであり、特殊な種類の官能的な興奮である。東洋や南ヨーロッパには、これまでこの憎むべき性向の実例がたくさんあったし、いまもある。これが抑圧することが不正であるような自然的傾向には含まれないことは、将来、承認されると私は思う。残る問題は、その傾向と共にその人自身を抑圧することが義務であるかどうかだけであろう。

しかし、人間本性のあらゆる基本的な衝動が善い側面を持っており、十分な量の人為的な訓練を加えれば、有害ではなく有益になるかもしれないということが、たとえ真であったとしても、その改良の成果は微々たるものである。したがって、いずれにせよ、あらゆる衝動は、たとえ私たちの生存にとって必要な衝動であったとしても、訓練なしには、世界を悲惨だらけにし、人間の生活を動物界で示される忌まわしい暴力と専制を強度にまねたものにするに違いない（人間によって飼い慣らされ訓練を受けた動物の場合は別として）と、認めざるをえない。この点については、創造者の目的を創られたもののなかに読み取ることができると考えている人も、これまで拒んできた推論の根拠を一貫して理解しているべきである。創造のなかに特別の意図を示す徴候があるというのならば、最も明瞭に意図されていることの一つは、圧倒的な割合の動物が、生きている間中、他の動物たちを苦しめ餌食にしているということである。動物たちは、その目的に必要な道具を多く備えており、強い諸本能がその目的に動物を駆り立てている。多くの動物は他の食物では生存できないように創られているように見える。もし、自然界全体のなかに善を意志した仕組みを発見することに費やされてきた努力の十分の一が、創造者の性格に泥を塗る証拠集めに使われていたなら、下等動物の全生活についてはいくらでも論評の余地があったはずである。下等動物はほとんど例外なく、捕食するものと補食されるものに分けられる。そして、いずれもが、自分を守るために必要な能力を与えられていないため、沢山の災害の餌食になるのである。動物の創造が悪霊の手になるものと信じる義理がないとすれば、それは悪霊を無限の能力を持つ存在によって創られたと解釈する必要がないからである。しかしこの場合に、もし自然のなかに示された神の意志を模倣することが、行為の規則として適用されるなら、最悪の人間の最も残虐な非道も、動物界で強者が弱者を餌食にするという明白な摂理の意図によって十分に正当化されることになるであろう。

自然との一致という観念が行為や性向の倫理的評価のなかに一つの要素として導入される様式や機会は、ほとんど無限に多様だが、これまでの考察ではそのほんの一部だけを扱った。自然という語については、数多くの用例で同じような都合のよい偏見がついて回る。そうした用例では、自然は人間性の全体構造のある部分を他の部分と対比させる特別な用語として使われる。私たちは、これまで、それらの用例の一つだけを見てきた。そこでは自然は、私たちの精神的・道徳的形質を指す一般的名称になり、この精神的・道徳的形質は生得的であると想定され、後天的な形質と区別される。たとえば、自然が教育と対比される場合、法律、学術、知識のない未開国家が自然国家と呼ばれる場合、善意または道徳感情が生得的か後天的かと問われる場合、ある人々が天性の詩人や雄弁家であり、他の人々はそうでないと言われる場合が、それである。しかし、別のもっと緩やかな意味では、人間が外に向けて行うさまざまなことが、しばしば自然であると言われる。この場合の意味は、それらの行動が具体的に調べられたり意図的に意識されたりしていないということを言っているにすぎない。たとえば、ある人の動作や発言に自然の優雅さがあるというような場合、あるいは、あの人が自分の振る舞いや性格を支配したり偽装したりしていないと言おうとして、その人の自然の振る舞いや性格がどうのこうのと言う場合である。さらに不正確な用法では、ある人物について本性的にはどうこうと言う。何らかの特別な原因が作用するまで、あるいはそのような原因がなくなれば、本性が出るという意味である。こうして、本性的には鈍いが勉強と忍耐で知的になったとか、本性的には快活だが不運によって気難しくなったとか、本性的には野心家であるが機会がなくて抑えられたとか言われる。最後にもう一つの用法であるが、感情や行為にあてはめる場合、ふつうに人間に見られること以上を意味しないように見える。ある特定の場合に、ある人が自然の〈当然の〉行為をしたとか、ある光景、音、思想、生活上の出来事に遭ったとき、至極自然の〈当然の〉感じ方をしたとか言われる場合である。

自然という語の持つこれらすべての意味において、自然的と言われる性質はそれに対比される性質よりも明らかに悪いものであることもないわけではない。しかし、それが問題にされるほど明らかではない場合にはいつでも、その性質を自然であると記述することによって、これまで何らかのものがかなりよいと言われてきたという事実が意識されているように見える。私自身は、個人について自然であるとか自然らしさとか言われる場合に、それが実際に誉め言葉になるような意味を一つしか知らない。しかも、それは消極的な意味、すなわち、虚飾がないことを表す場合である。虚飾とは、動機や事情が弁解になるほどの状況でもなく、偽善というもっと忌まわしい汚名を刻印するほどでもない状況で、自分を実際と違うように見せる努力、と定義してよいであろう。付け加えて言わなければならないが、詐欺はしばしば、他人だけでなく騙す人自身を騙すように行われる。彼は持ちたいと思っている性質の外に表れた特徴を真似て、その性質を持っていると自分を説得したいのである。詐欺にしろ、自己欺瞞にしろ、あるいはその中間の状態にしろ、虚飾は当然非難に値する。そして、虚飾の反対として理解された自然さは、美点である。しかし、この高く評価されるべき性質を表すそれ以上の適切な言葉は、誠実であろう。この言葉は、かつてはこの一語で主要な徳全体を表したが、現在、もともとの高尚な意味から落ちて、通俗的には、その徳に従属する一部門だけを指すようになってしまった。

また、話題になっている行為や態度が本当にりっぱで、虚飾という言葉が不適切な場合には、その人物をけなして、そのような行為や態度は彼には不自然であると言い、あの人なら自然だと言って失礼な比較をすることがある。ある人の素晴らしい行いとみえるものは、一時的な興奮の結果や自分自身に苦労して打ち勝った結果であるのに対して、他の人の場合には、その素晴らしさは、習性となった性格から予想できる結果であるというのである。この言い方を非難するには及ばない。なぜなら、自然というのはここでは、人の通常の傾向を言っているにすぎないからである。その人が賞賛されているとすれば、それは自然であるからではなく自然に善良であるからである。

自然との一致は、正・不正とはまったく関係がない。自然と一致するという考えは、ときたま部分的に過失の範囲を問題にするときに議論に導入される以外では、倫理的議論に導入してもけっしてうまく適合しない。この点を具体的に見るために、自然という観念と関連する、非常に強い非難の感情を伝える表現を考察しよう——不自然だ、という表現である。ある事柄が不自然であるということは、正確にはその語に属するどの意味においても、その事柄が非難に値することを論証しない。なぜなら、どんな極悪の犯罪行為も、人間のような存在者にとっては、ほとんどの徳と同じように不自然であるからである。徳の獲得はすべての時代において艱難辛苦の成果と見なされてきているが、これに対して地獄に落ちるのはことわざ通り容易である。確かにほとんどの人間にとっては、並はずれて〈超越的に〉邪悪[13]であるよりも、際立って有徳になるために、より多くの自然的な傾向を克服する必要がある。しかしそうはいっても、もしある行為あるいは傾向が、非難されるべきであると他の理由に基づいてすでに決定されている場合、その行為あるいは傾向を不自然である、すなわち通常の人間のなかにある強い感情が反発するような性質のものだと言えば、それは罪を重くする一つの要因になるであろう。なぜなら、どのような悪い性向についても、そうした通常の嫌悪感をすでに克服しているという事実が、その性向が強力で根深いものである証拠になるからである。この推測は、もちろん、その人が一度も嫌悪感を持ったことがないという場合には当てはまらない。それゆえ、この議論は、その行為によって害された感情が単に正当で合理的であるだけでなく、そのような感情を持っていなければおかしいと非難されるようなものでない限り、うまく主張できない。

　これに対応する情状酌量の訴え、つまり、その咎めるべき行為は自然であったとか、自然の感情に促されたものであったとかいう訴えは、認められるべきでないと私は思う。完全に自然でないような悪い行為、そして動機が完全に自然な感情でないような行為がなされたためしはない。それゆえ、理性の目で見れば、言い訳の余地はないが、大衆の目には、自然であることが言い訳になるのはきわめて「自然」なのである。その表現は、大衆が侵害者に仲間の感情を持っていることを意味しているからである。非難さるべきことであると認めざるをえないが、それにもかかわらずその行為を自然であると言う時、彼らが言っていることは自分自身がそれを犯しそうになったかもしれないという可能性を想像できるということである。多くの人々は、自分のなかにも源泉があるかもしれないと感じるすべての行為に対してかなりの甘さを持っている。他方、場合によっては実際にそれほど悪くはないのに、どうして起こるのか皆目わからない行為に対しては、厳しさを堅持している。もし、ある行為を見て、それを行う人は、自分たちとはまったく似ていない人に違いないと思いこむなら（その確信はしばしば非常に不適切な根拠に基づいているが）、彼らはその行為に相応しい非難の正確な程度を個々の事例にそくして、あるいは、そもそもその行為が非難にあたいするかどうかをめったに精査しない。彼らは、罪の程度を反感の強さによって量っている。そうして、意見の違い、また好みの違いまでも、最も残虐な犯罪と同じように強く道徳的嫌悪の対象にする。

この論文の主要な結論を手短にまとめておけば役立つであろう。

自然という語は、二つの基本的意味を持っている。事物の体系全体と事物の特性の総体を意味するか、あるいは、人間の手が介入しない場合の事物のありようを意味している。

第一の意味では、人間は自然に従うべきであるという説には意味がない。なぜなら人間は、自然に従うより他に何をする力も持たないからである。人間の行為はすべて、一つのあるいは多くの物理的法則や心理的法則によって、またその法則に従ってなされる。

第二の意味でも、人間は自然に従うべきであるという説、つまり言い方を換えれば、人間は事物の自然発生的な運動様式を意志的な行為の模範にすべきであるという説は、非合理的で反道徳的である。非合理的であると言うのは、すべての人間の行為はいずれにせよ、自然の自然発生的運行を改変しなければ成り立たず、すべての有用な行為は自然の動きを改良するものだからである。反道徳的であると言うのは、自然現象の動きには人間によって行われたなら最も嫌悪されるようなことが充ち満ちており、事物の自然の過程をまねて行為しようとする人は、どこでも最も邪悪な人間として見られ判定されるからである。

全体としてみれば、自然の構造が人間や他の動物にとっての善を、目的あるいは主たる目的としてきたことはありえない。自然が人間や動物に与えたものは、ほとんど彼ら自身の努力の結果である。自然のなかの何かが善を実現する意図を示していると見えるとしても、この善行には限られた力しかないことが明らかになる。そして、人間の義務はこの善を実現する諸力と協同することであるが、その協力は自然の動きを真似することではなく、それを絶えず修正し続けることである。つまり、私たちがコントロールできる部分を高い正義と善の基準にできるだけ一致させることである。

第二論文　宗教の功利性

宗教が真理であるかどうか〈真理性〉については多くのことが書かれてきたが、宗教が有益であるかどうか〈功利性〉については少なくとも議論や論争の形では今までほとんど書かれたことがないと、宗教に好意的な人たちも、敵対的な人たちもしばしば指摘する。しかし、このことは当然予想できたといってもよいであろう。というのは、私たちの心を深く動かす事柄のなかで真理こそが何よりも優先される関心事であるからである。もし宗教が、あるいは個々の形態での宗教が、そもそも真であるとすれば、その功利性はおのずと付いてくるのであって、それについて別途の証明を必要としない。私たちは人間の定めとして、どのような事物の秩序のなかにあり、どのような宇宙の法則のもとにあるか。そのことを本当に知ることが有益でないとしたら、いったい何が有益であると考えたらいいのか、想像することができない。人は快適な場所にいても不快な場所にいても、たとえば王宮にいても監獄にいても、どちらにせよ、自分がどこにいるかということを知ることは必ず役に立つ。それゆえ、人々が自分の宗教の教えを当たり前の事実として受け入れており、その宗教の教えが自分の存在が疑えないのと同じくらい、また周辺の対象が存在するのと同じくらい疑いの余地のないものになっているなら、宗教の教えを信じることの功利性を問うようなことはおそらくおこらないであろう。宗教の真理性が大幅に説得力を持たなくなったときに初めて、宗教の功利性を主張する必要が生じたのである。人々は、信仰を失うか、他人の信仰に頼ることを止めていなければ、「功利性というような」劣った論拠をとることは、むしろ自分たちが称揚しようと努力していることをおとしめている、と意識しないではいられなかったであろう。宗教の功利性の議論は、無信仰者たちへのある種の説得であるが、この説得は無信仰者たちを善意から出た偽善に誘いかねない。あるいは、この議論には、半信半疑の人に対して、彼らの不安定な信仰をゆるがしかねないことから眼をそむかせる働きがある。さらに、一般の人々に対しては感じている疑問を口に出さないように働きかける。人類にとってきわめて重要なこの「宗教という」建物は基礎があまりにも不安定なので、近くにいるときには吹き壊さないように息を潜めなければならないのである。

しかし、歴史の現時点では、数ある宗教擁護論と否定論のうちで、特に宗教の功利性に関する議論が重要な位置をしめる時期に来ているように思える。つまり、私たちは弱い信仰の時代に生きているのである。このような時代には、人々が持っている信仰は、精神が認識する証拠によるよりも、むしろ信じたいという願望によって決定される。この信じたいという願望は、利己的な感情からだけでなく、しばしば損得勘定をはなれた感情から出ている。もちろん、この願望は、かつては存在した、まったく動揺のない完璧な信頼を生み出すことはできないが、初期教育で刻印された印象の周りに防壁を築き、しばしば、疑問を持たないようにと習慣によって直接の疑いを弱める。そして、特に精神をとらえる力をとっくの昔に失ってしまっている教義に従って惰性的に生き、世間に対しては同じことを主張し、あるいは、自分の確信がもっと完全であったときに必要だと考えなかったのに、いまや、信仰についてことさら論証的態度をとるようにさせる。

もし宗教的信念が、たえず説教されている通り、本当に人類にとって必要であるなら、その信念の知的根拠を、いわば道徳的賄賂によって、あるいは知性を道徳に従属させることによって支える必要があるということ自体、理性的に考えればきわめて嘆かわしいことである。そのような状態は、実際にただ誠心誠意、自分たちを信仰者であると言っている人にとっても迷惑千万なことであろう。さらに、これは、意識の上では宗教の証拠を信じることをやめたけれども、人類に致命的な傷を負わせることに荷担するといけないと思って、信じることを止めたと言うのを差し控えている人々にとっては、一層悪い状態である。あらゆる対象のうちで特に追求すべき二つの高尚な目的、真理と一般的善によって矛盾した方向に引き裂かれることは、良心的で教養ある人にとってはきわめて苦痛なことである。このような矛盾は必ず一方の対象に対する、そして多くの場合に両方の対象に対する無関心を生み出さずにはいられない。もし一方を犠牲にすることなく他方に貢献することができると確信すれば、真理と人類［の幸福］の両方に多大な貢献するようになるに違いない多くの人々が、まったく萎縮してしまうか、活動を些細な事柄に限定してしまうのである。この人たちは、本当に自由に考え、あるいは人類の思考能力一般を少しでも強化・拡大するならば、不信仰者になって、きっと邪悪で惨めになるに違いないと、心配している。多くの者たちは、また、他人にも自分にも高尚な感情があることを知っているが、それは宗教以外の源泉からは出てこないと想像しているので、そのような感情の源泉を涸らす傾向に対しては本心から反対すべきだと考えている。それゆえ、彼らはあらゆる哲学を嫌悪し軽視するか、さもなければ、彼らが熱心に追い求めるのは、本来は証明がしめるべき場所を直観が奪い取り、内的感情が客観的真理の確認手段となるような形態の哲学だけである。今世紀に流行している形而上学は、全体として宗教に味方する偽証の組織になっている。宗教といっても理神論に限られることが多いが、いずれにせよ、この形而上学は高貴な衝動と思索能力を誤用している。この誤用は、人間能力の悲惨な浪費のなかでも最も嘆かわしいものであるが、これを見ると、遅々たる歩調ではあっても人類を進歩させる能力が残っているのがかえって不思議なくらいである。これだけの大きな知的努力と工夫を費やして、信仰を支えようとさんざん骨折っていることの報いが、人間の幸福に十分にあたえられているであろうか。また、私たちの能力では到達できない種類の事柄があることを率直に認め、同じ精神力を、超自然的信仰や誘因の支えや強制力を必要としない他の徳や幸福の源泉を強め拡大することに振り向けたほうが人類の幸福という目的は、もっとよく実現されるのではないだろうか。いまや、こういった問題を、通常なされているよりも公平に、したがって、もっと慎重に検討すべき時に来ているのである。

他方、この問題の難しさは懐疑的哲学者が思いがちなほど簡単に処理できるものではない。真理と功利性の間に衝突はありえない、また、宗教が誤りであるなら宗教を拒絶することの結果はよいことだけである、と一般論として主張するだけでは駄目である。というのは、肯定的真理を知ることはすべて役に立つが、否定的真理については、知ることが役に立つとは無条件には言えないからである。何も知られないということだけが確定できる真理であるなら、この知識によって、私たちは行動を導く新しい事実をなんら獲得しない。私たちはせいぜい、これまで頼っていた道標が信頼できないと悟るだけである。こうした道標はそれ自体としては誤りであったにしても、私たちが手にしている最良の証拠と同じ方向を示してきたのかもしれない。そして、もしその道標がもっと明瞭で読み取りやすいものであったなら、最良の証拠が見逃されていたときにも、私たちを正しく導いてきたのかもしれないのである。簡潔に言えば、宗教が知的には維持できなくとも道徳的には有益であることは、完全に想定可能である。したがって、実際にそうした状態が事実であった国民と個人が存在した時代があったし、いまもあるということを否定する無信仰者がいるなら、それはその人が大きな偏見を持っている証拠になるであろう。宗教が知的には維持できなくとも道徳的には有益であるというようなことが一般に事実としてあるのか、将来もありうるのかを検討するのが本論の目的である。これから論究するのは次の問題である。宗教における信念が、真理問題とは切り離されて別途に、単に信念として考察された場合、現在の人類の幸福にとって本当に必要なものだろうか。その信念の効用は本来的で普遍的であるのか、それとも局地的で時勢的で、ある意味で偶然的なのだろうか。その信念が与える利益は、付随する非常に大きな悪の夾雑物なしの他の方法では獲得できないか。この［随伴する］悪のせいで、最良の形態の信念でも、その利益が損なわれているのである。

この問題の一方の側の議論については、私たちは誰でもよく知っている。宗教的著作家たちは、宗教一般、とりわけ私たちの宗教信仰の利益を最高度に宣揚することに、おさおさ怠りはなかった。しかし、反対意見を持っていた人たちは、宗教的信念の形で昔も今も産出されている明白な、非常に目に余る積極的悪を糾弾しつづけることで満足してきた。そして、人類がイーピゲネイアの犠牲[1]からルイ一四世の竜騎兵の迫害[2]に至るまで（最近の事例は言うまでもなく）絶え間なく宗教の名において悪事を続けてきたことは事実なので、当座の目的にとっては［この点をめぐって］さらに議論を展開する必要はない。しかし、これらの忌まわしい歴史は、宗教それ自体ではなく、宗教の特殊な形態に属しているので、宗教自体がそのような道徳的悪を奨励する場合を別にすれば、宗教の功利性に反対する論拠にはならない。その上、これらの悪のうち最悪のものは、改良された宗教からはすでに大方、取り除かれている。そして、人類の思想と感情が前進するに従って、この排除の過程はずっと続いていく。宗教から引き出された不道徳的なこと、あるいは何らかの有害な結果は、ひとつひとつ放棄され、宗教の本質とは何であるかということが長い間追求されてきた結果、それらの悪は宗教の本質から容易に分離できるものであることが判明した。したがって、そうした害は過去のものになって、もはや宗教への反対論にはならなくなったが、それでも宗教の有益な影響からかなりの量を差し引く効果を依然として持っている。たとえば、人類の道徳的感情においておきた最大の改良のうち、あるものは宗教なしに、また宗教があったにも拘わらず起きた。私たちがあらゆる改善力のある影響の筆頭として見るように教えられてきたこと［宗教］は、実際には改善力にとぼしく、むしろ、人間本性の他の善い影響の上に重荷となっている。最大の難題の一つは宗教自体を改良することである。しかし、改良はすでに始まっている。今も進行中であるが、議論を公平に運ぶために、その改良が終わったと想定しておくべきである。私たちは、宗教がすでに人類が生み出した最良の道徳を受け入れていると仮定しよう。その道徳は、理性と善意が哲学やキリスト教や他の要素から生み出すことのできる最良のものである。こうして、宗教が悪い道徳との一体化から解放されて初めて、宗教の有益な特性が、宗教だけに本質的に属するものであるか、それともその利益は宗教なしでも獲得できるものであるかを考察する土俵ができあがる。

宗教の現世での有用性を探求するにあたって本質的なこの部分が本論の主題である。これは懐疑論者たちがあまり論じてこなかった部分である。これに直接関わる議論は、私が知る限り、部分的にベンサム氏の草稿を用いて編纂されたとされている短い論文だけである。(3) この論文は正しく深い見解をたくさん含んでいるが、私には議論の多くの部分が強引すぎるように思われる。懐疑的な側のためにこの主題に関係することとして利用できるものは、この論文とコントの著作に散見される偶発的な指摘である。私は、この二つを論証の以下の部分で任意に利用するつもりである。

本論は、主題の二つの側面、すなわち社会的側面と個人的側面の両面に対応して二つの部分に分かれる。宗教は社会にどのように役立つか、また個人にどのように役立つか。宗教的信念から、通常の言葉の意味で考えて、どれだけの社会的利益が生ずるか。そして、宗教は、個人の人間本性を改良し高潔にするということでは、どのように影響するか。

第一の問題には誰もが関心を持つ。第二の問題に関心を持つのは最も善い人たちだけである。最善の人たちにとっては、もし二つの間に区別があるなら、重要度が高いのは第二の問題である。私たちは最初の問いから始めよう。なぜなら、こちらは精密な結論に首尾よく到達できるからである。

そこで、最初に社会的善の道具としての宗教的信念について語ろうと思う。私たちは、多くの場合に見逃されている区別を確認するところから始めなければならない。およそ道徳的義務の体系には、教育によって教え込まれ、世間の一般的意見によって強化されるとき、どの体系にも支配力が備わるが、その支配力の全体がもっぱら宗教それ自体のおかげであると考えられていることが多い。正義、正直、善行の原則もしくは教訓が、公的にも私的にも教えられておらず、また、これらの徳が人類の賞賛と非難、賛成・不賛成の感情によって奨励されず、逆に悪徳が抑制されていなければ、人類はきっと惨めな状況に置かれるであろう。そしてこの種の［道徳的］ことがらのほとんどが宗教の名によって起こり、何らかの道徳を教えられる者は、それを宗教として教えられ、生涯をつうじて主として宗教的性格のものとして教えこまれるため、その教育が教育として生み出す効果は、宗教教育が生み出すものと解釈され、人間生活を導き統治するために一般に受け入れられている規則体系に属する諸事万端への影響がすべて宗教の手柄になるのである。

このことの影響がどれだけ大きいか、つまり、かなりの程度の合意をえて真理であると受け取られた教えが、幼いころから義務として心に刻印された場合に、本質的にどれだけの大きな効力があるかということを、これまで十分に考察した人は誰もいない。少し反省すれば、この教えこそが人間の行ういろいろな事に大きな道徳的支配力を持つという結論に導かれるであろうと私は思う。そして、宗教が支配力を持つように見えるのは、宗教がこの大きな道徳的支配力を支配下においているからなのである。

最初に、権威が人間精神に及ぼす絶大な影響を考えてみよう。いま、私が語ろうとしているのは無意識のうちに働く権威の影響力、人間の確信、信念、無意識の感情への作用のことである。人々が自分の感覚を個別に認識することを別にすれば、人類の大多数が何かを知っていると言うとき、彼らは権威を証拠にしてその対象を信じている。最も賢い人もこの権威を証拠として科学の全知識、歴史や人生の事実を受け入れる。これらについては賢い人も個人的に確認しているわけではない。人類の大多数にとってはどのような意見についても一般に人類に行き渡っていることが圧倒的に力を持っている。彼らは何でも、権威によって保証されたものであれば、権威に全幅の信頼を置いて信じる。人類の一般意見が自分たちの感覚の証拠に対立するときには、自分の感覚に対してさえそのような全幅の信頼を与えない。それゆえ、宗教に基盤があるにしてもないにしても、生活や義務の規則がはっきりと一般的に承認されているとき、その規則は自分自身に本来そなわる思考力を発揮して得られる信念よりも強く個人の思想を支配する。ノヴァーリスが「私の信念は一人の他人が同じ事を信じ始めた瞬間から増大する(4)」と語ることができ、それに現実的意味もあったのなら、一人の他人と言わず自分が知っている全人類が同じ信念であれば、その効果は格段に大きいだろう。しかし、どの道徳体系も普遍的には承認されていないのだから、道徳体系が精神に対して持つ支配力の源が普遍的承認にあると考えることはできない、ということを反論のつもりで主張する人がいるかもしれない。現代に関する限り、その主張は正しい。しかも、その主張は、一見反論の余地がありそうに見えたこの議論をむしろ補強する。というのは、一般に受け入れられている信念体系は、反論され、同調しない人々が多くいることが知られればそれだけ、その信念体系の一般信念に対する支配力はゆるみ、行為に対する実践的影響力は衰えるからである。そしてそのことは、宗教的制裁が付随しているかどうかに関わりなく道徳的信念体系に起こることであるから、信念体系は宗教であるからではなく人類が一般に受け入れている信念であるから力を持っているということをこれ以上に証拠だてるものはない。人が炎に手を差し込めばやけどすると信じるような意味で宗教を信じている人々を発見しようと思えば、ヨーロッパ人の支配が及んでいない東洋の国々か、さもなければ、カトリックであった時代のヨーロッパ世界に探すほかはない。当時は、人々はしばしば宗教に反抗したが、それは、人間的情熱と欲望が宗教にとって強すぎたためか、宗教自体が宗教の義務に反するような怠慢に陥ったためであり、反抗者たちはほとんど宗教的信念を疑ってはいなかった。当時は絶対的で疑う余地のない完全な信念があったが、その後、そのような信念はヨーロッパでは一般に見られなくなった。

以上が単純な権威、つまり仲間たちの単なる信念と証言が人類に及ぼす支配の形態である。次に教育の絶大な影響力を考察しよう。幼児期から一つの信念によって育てられ、その信念に立つように習慣づけられることの結果がどれだけ言語に絶するものであるか考えてみよう。また、すべての国々で昔から現在まで、厳密な意味で教養があると言われる人ばかりでなく、親や親の意をうけた養育者によって育てられたすべての、あるいはほとんどすべての人々が、幼い年頃から何らかの宗教的信念を教え込まれていることを考えてみよう。そして、戒律のあるものは天の諸力が彼らや人類に命じたものだと教えられてきている。神の命令が若い子供たちにとって親の命令以上のものであることを想像することはできないので、人類が採用できる社会的義務の体系はどれも、宗教から切り離されたとしても、子供のときから教え込まれるという同じ利点を持つであろうと考えるのが理にかなっている。そして、今後、そのように教え込まれる社会的義務の体系は、現在の教えよりももっと完全に幼児教育の利点を持つであろう。なぜなら、一般社会はこれまで非常にないがしろにされていた多くの階層の人々の道徳教育に以前よりもずっと労力を注ごうとする態度に傾いてきているからである。さて、初期教育の印象が持つ特別な特徴は、後の信念の場合には獲得することがずっと難しくなること——すなわち、感情への支配力を持つことである。幼いときに教えられた見解を捨て去った人の場合でも、こうした最初の印象がその人の感情を支配する力を保っており、それがどれだけ強いかを私たちは日々目撃している。他方、通常出会うよりもずっと高い程度の感受性と知性を併せ持つ人だけが、同じような強さの力を持った感情を、後の人生で自分の研究から得た見解に結びつけることができる。しかし、その場合でも、彼らにそうさせる強い道徳的義務感、誠実さ、勇気と献身は、それ自体が、若いときの印象の成果であると言うことができる。

教育の力にはほとんど限りがない。自然的傾向のなかで、教育の力で強要したり、必要ならば使用しないで消滅させることができないようなものは一つとして存在しない。全人民の自然的傾向の全体について教育がなしとげた最大の勝利の記録は、リュクルゴスの制度[5]によって数世紀の間、維持されたものであったが、それはほとんど宗教の力を借りていなかった。なぜなら、スパルタ人の神々は他のギリシア都市国家の神々と同じだったからである。そして、すべてのギリシア都市国家がその個々の建国を何らかの神的認可（多くの場合、デルフォイの神託[6]の認可）に拠っていると信じていたことは疑いないが、その認可あるいは別の同じ程度の力を持つ認可を得ることは、概して難しいことではなかった。スパルタの諸制度を形成したのは宗教ではなかった。そのシステムの根源はスパルタへの献身、つまりその国の理想への、あるいは国家への献身であったのである。この献身がより偉大な国、つまり世界への理想的献身に転換したなら、それと同じかあるいはもっと高貴なことを達成できたであろう。ギリシア人の間では一般に社会道徳は宗教からはっきりと独立していた。社会道徳と宗教の間に成立していた関係はむしろ逆であった。神々の崇拝は社会的義務として教えられた。もし神々が軽視されたり侮辱されたりすれば、神々の不満はその不埒な個人よりも、そのような個人を育成し容認している国家や共同体に向けられると信じられていたからである。ギリシアに存在したこのような道徳的教えは、宗教とはほとんど関係がない。神々が人間相互の行為に多くの関心を持っているとは考えられていなかった。例外は、人間が宣誓や誓いによって神々に厳粛に訴え、その認可のもとに一定の主張や約束をして、神々自身を利害関係者として立てるように取りはからった場合である。ソフィストや哲学者、また弁論家たちですら、自分たちの特別な目的に役立つように宗教を最大限利用し、彼らが説こうとした意見がどのような種類のものであれ、特に神々に喜ばれるものであると思われるように努力したことを私は否定しない。しかし、神々自身の尊厳への直接的侵犯の場合を除いて、神への配慮が第一の考慮事項とされていたとは思われない。人間の道徳を執行するためには世俗的な導因だけがもっぱら信用されたのである。ギリシアの例は、宗教的教え以外の教えが教育の基礎を形成するとき、非常に有効であった唯一のものであると私は思う。その教育のある部分については質の点で多くの批判があるかもしれないが、その有効性については反論できないであろう。行為に対する教育の力について最もよく記憶されている例は（いましがた私が述べた）この例外的な事例であるが、この事例は、他の事例で初期宗教教育が持っている人類への支配力は、宗教的であるからではなく初期であることからくるのだ、と推定してよい論拠になる。

私たちはこれで、二つの支配力、つまり権威の支配力と初期教育の支配力について考察した。これらは人間の無意識的な信念、感情、願望に働きかけるが、これまでは宗教がほとんどこの特権を独占してきた。さて、無意識的意見に付随していることも付随していないこともあるが、人間の行為に直接働きかける第三の支配力について考察しよう。それは公衆の意見〈世論〉の支配力である。仲間たちの賞賛と非難、賛成と反対の支配力である。宗教と結びついているかいないかに関わりなく、これは一般的に採用されているどの道徳的信念体系にも本来備わっている力の源泉である。

人々は実際よりも聞こえのよい名がつけられた動因によって行為が決定されることを好むものである。自分の行動のなかで自分が誇りに思っている（また、恥に思っている）部分がどれだけ公衆の意見を動因として決定されているかについて彼らは一般に非常に無自覚である。もちろん、公衆の意見というものはたいてい伝統的な社会道徳が命じることと同じことを命じるものである。その道徳は実のところ大衆のひとりひとりが、自分自身がその道徳を厳格に守るかどうかは別として、他の人たちが彼に対して守ることを望むような行動の要約なのである。それゆえ、人々は自分の良心が承認する低次の動因や事物に従っているとき、良心の動因によって行為していると思いこみやすい。私たちは絶えず良心に対立する公衆の意見の力の大きさを見せつけられている。人はどれほど「多数者に追随して悪をなす」[7]ことか。どれだけしばしば、人は自分の良心が是認しないことを公衆の意見に誘われて行うことか。そして公衆の意見はもっと頻繁に良心が命令することを行う妨げになっているのである。しかし、公衆の意見は通常、最初の段階の良心を生み出しているから、たいていは自然に公衆の意見と良心が一致する。そうして、公衆の意見が動因として良心と同じ方向に働くとき、公衆の意見は人類全体に働くあらゆる動因のうちで最も強力なものになるのである。

人間本性のなかに見られる（単に動物的な情熱を除いた）最も強い情熱につけられたすべての名前は、その一つ一つが、私がここで公衆の意見と呼ぶものに由来する動因の一部につけられた名前である。栄誉愛、賞賛愛、賛美愛、尊敬愛、そして同情愛ですら、世論が持つ人の心を捉える支配力の部分である。度を超したと考えられる場合に、公衆の意見が持つ人の心を捉える影響一般につけられた汚名が、虚栄心である。恥を恐れ、悪い評判や嫌われたり憎まれたりすることを恐れることが、公衆の意見の抑止力の直接的で単純な形態である。しかし、人類の不賛成意見が抑止力を持つのは、自分がこうした不賛成意見に晒されていることを知るのが苦痛だからというだけではない。その抑止力には人類が科すことのできるあらゆる刑罰が含まれる。社会的交際や人間が相互に必要とする数多くの親切から閉め出される。人生で成功と呼ばれるあらゆることが没収される。しばしば生活手段を大きく減らすか、一切合財を失う。さまざまな種類の積極的な嫌がらせがあり、それだけでも人生は惨めになる。そして社会状態いかんでは実際に迫害死にまで至ることがある。また公衆の意見の魅惑的あるいは強制的な影響のなかには通常、野心という言葉で考えられていることが含まれる。というのは、無法の軍事的暴力の時代でなければ、社会的野心の諸目的は仲間たちの善意の意見や賛成の姿勢によってしか達成されないからである。また一〇のうち九のケースでは、そうした諸目的が人類の価値判断に触れないようなものであるなら、その目的は望まれさえしないであろう。大多数の人々にとっては、自己肯定の快楽ですら、主として公衆の意見に依存している。通常の精神に対する権威の無意識的な影響はこれほど大きいので、世界が、つまり自分を取り巻く世間が不正だと考えているのに、自分が正しいということに全面的な確信を持つためには、人々は通常よりも優れた性格を持たねばならない。またほとんどの人にとって、自分の徳や才能を示すためには、一般的に人々が信じている徳や才能を示すのがいちばん確実である。人間が行っていることのすべての部門で、他の仲間たちが考えていることを顧慮することは、何らかの形で殆どすべての人格のなかに浸透した動機になっている。そして、この動機は多くの感受性の強い性質の人のなかで生まれつき最も強力であり、それが偉大な徳を形成するための最も見込みのある素材であるということを私たちは銘記すべきである。この力がどれだけの範囲に及ぶかということは身近な経験で十分に知られているので、ここでは証明や例証は必要ない。いったん生活手段が得られた後は、地上で行われる圧倒的に多くの労働や努力は、人類の尊敬や好感を得ることや賞賛されること、あるいは少なくとも蔑視されないことを目的にしている。文明を進展させる産業や商業の活動とともに、文明を遅滞させる軽薄や放蕩、見栄をはる利己的な願望も等しくその同じ源泉から流れでている。公衆の意見が原因になっている脅迫感が働いた場合の支配力の事例として私たちが知っているのは、目撃者が殺人者の恥になるような秘密を知り、それを暴露しかねないときに、その目撃者を取り除くために多くの殺人がなされてきたということである。

この主題を公正に偏りなく考察する人なら、人間の行為に対する影響で、通常宗教から直接出ている動機に属すると考えられているものが、多くの場合、人間の意見の影響を最も近い動因としていると考えなければならない理由が解るであろう。宗教はその本来的な力によってではなく追加されたもっと大きな力を行使したために支配力があったのである。宗教の効果は公衆の意見に方向を与えることによって膨大になった。公衆の意見は多くのきわめて重要な観点において、もっぱら宗教によって規定されてきた。しかし、神的な行為者が常に現世的賞罰を行うと考えられていた時代が過ぎ去った後では、公衆の意見によって付加された強制力がなければ、宗教それ自体の強制力は、例外的人格の場合あるいは特別な精神状態である場合を別にすれば、特に大きな影響力を持つことはなかった。もし特定の神聖な場所の清さを犯すならその場で撃たれて死ぬか突然不治の病に罹るということを堅く信じていたならば、彼は疑いもなくその罰をまねかないように注意したであろう。しかし、誰かがその危険を平然と無視したのに、罰を受けずに逃げおおせたために呪縛が解けてしまった。神の支配の下にあり、宗教と律法に従わなければ現世において神からの懲罰を受けると教えられた民族はユダヤ人であった。しかし、彼らの歴史は異教文化への落ち込みの連続であった。ユダヤ人の預言者や歴史家は、古来の信念を堅く保っており、同胞が彼らの預言にまったく耳を貸さないことを絶えず嘆いていた（もっとも、彼らは古来の信念を自由に解釈し、国王への神の怒りは王のひ孫に悪いことが起これば十分に示されると考えた）。彼らはその後、現世における罰によって行われる神の支配を信じていたため、（ミラボーの父親がそのような徴候がないのにフランス革命の夜に予測したように）全員の失脚（la culbute générale）[8] を予想しないではいられなかった。彼らの預言力の信用によって幸運にも期待が実現したのである。使徒ヨハネの場合はこれとは違って、黙示録のかすかに理解可能な預言で語ったニネヴェとバビロン[9]と似た七つの丘の都市についての運命の予告は今日まで実現していない。神の刑罰が現世的な形態で現れることを期待することはできないという確信は、非常に無知な人たち以外のすべての者たちが時間の経過とともに認めざるをえなくなったが、これが旧来の宗教の凋落に大きく力を貸していることは疑いない。また、現世において過ちを罰し功績に報いるという意味での摂理の介在を絶対的に排除するわけではないが、神の世界に対する賞罰の主たる場面を死後の世界に移す考え方が一般に採用されるようになったのもそのためである。しかし、遠い先に延期され一切観察されない賞罰は、たとえそれが無限で永遠的なものであったとしても、普通の人間の精神に対して、強い誘惑に抗する非常に強い支配力を持つことは期待できない。賞罰は遠い先のことであることだけでも、処罰による抑制を最も必要とする人々の精神に対する効果を著しく弱める。さらに大きな減退はその賞罰の不確実性である。それはこの場合、ことの本質から出ている。というのは、死後に執行される処罰は個々の行為に対してはっきりと対応するのではなく、人生全体を一般的に査定して行われるからである。人は過去にどれだけ過ちを重ねてきたにしても最後には自分に好意的な裁定がでるだろうと易々と思いこむことができる。あらゆる現存の宗教はこの自己欺瞞を助長する。悪い宗教は、捧げものや個人の謙遜によって神の報復を遠ざけることができると教える。よりましな宗教は、罪人たちを絶望に追いやらないために神の哀れみを力説し、誰一人として自分が取り返しのつかないかたちで有罪に定められているとは考えないですむようにしている。こうした処罰が効果を持つように設計されているとすれば、その圧倒的な大きさという性質だけが頼りであるが、実はその性質自体が（ときどき現れる病的心配症を除いて）処罰を招く非常に深刻な危険のなかにあるということを誰も本当に信じることのない一つの理由なのである。最悪の犯罪者も自分の力でおかした犯罪やこの短い人生のなかで行った悪が永遠に続く苦行にあたいすると思うことはできない。したがって宗教的作家や説教師たちは、おびただしい量の刑罰が告発されているにも関わらず、宗教的動機が人々の生活や行為にあまり効果的に影響しないことを絶えず嘆き続けている。

すでに述べたように、ベンサム氏は宗教的強制力の効果について適切なことを書いたわずかな人たちの一人であるが、彼は宗教的責務が公衆の意見によって強制されない場合には行為にほとんど影響をあたえないことを立証するいくつかの事例を挙げている。(10) 彼が最初にあげる例は宣誓である。裁判所でなされる宣誓、並びにそれを守ることが社会にとって明らかに重要であるために公衆の意見が厳格に強制する他の宣誓は、実際に拘束力を持つ責務として感じられている。しかし、大学での宣誓や税関での宣誓は、たとえ宗教的見地からはそれと同等に責務であるとしても、実際には他の点で志操の正しい人たちすら、まったく軽視している。大学で規則を守るという宣誓は、数百年の間、どこでも黙従されるだけで無視されてきた。税関では職員や他の人々が、現在（あるいは過去に）毎日恥じらいもなく、あらゆる日常生活の責務について虚偽の発言で宣誓を行っている。どうしてそうなるのかを解明すると、これらの場合、真実を言うことは公衆の意見によって強制されていないのである。ベンサムがあげている第二の例は決闘である。この慣行は我が国ではいまや廃れたが、他のいくつかのキリスト教国では熱心になされている。これは、罪であると考えられ、また罪と認められている。それにも拘わらず、そう思っている人のほとんどすべてが公衆の意見に押され、個人的不名誉を逃れるために決闘をするのである。第三の事例は、不倫である。これは男でも女でも非常に重たい宗教的罪になっているが、男性の場合には公衆の意見によって厳しく譴責されないので、それを犯しても一般に少ししか良心のとがめがない。他方、女性の場合には宗教的責務としては同じ強さだが、公衆の意見によって真剣に後押しされるため、通例この義務はよく守られるのである。

ベンサムがあげた事例は、宗教的強制力の有効性を測る重要な実験として考察されたものであるが、これに対しては当然反論がでるであろう。というのは、人々はこのような事例で神によって罰せられるとも、人によって罰せられるとも思っていない（と言われるかもしれない）からである。大学やその他の宣誓の事例ではたしかにその通りである。宣誓は守る意図なしに習慣的になされているにすぎない。このような事例では宣誓は単なる儀礼と見なされており、神の眼に映る何らかの真剣な意味は存在していない。非常に良心的な人が、誰も守るはずがないと思われている宣誓をしたことを悔いた場合でも、彼の良心を苦しめるのは偽証の罪悪感ではなく、儀式を汚したことである。したがってこれは、人間の意見という動機から切り離されたとき、宗教的動機は弱いということを示す適切な事例とはいえない。むしろこの事例が例証している論点は、一つの動機が成立して他の動機と一緒に働く傾向があるとき、公衆の意見の処罰がなくなれば宗教的処罰もなくなるということである。しかし、同じ批判はベンサムの他の事例、つまり決闘と不倫については同じようには当てはまらない。これらの行為をする人々は、決闘の場合は公衆の意見の命令でそうするのであり、不倫の場合は公衆の意見の寛大さによってそうするのであるが、彼らはほとんど場合、神に背いていると考えている。もちろん彼らは自分たちの救いを危うくするほど深刻な程度に神に背いているとは思っていない。神の憐みへの信頼は神の怒りへの恐れに勝っている。これはすでに指摘したことの例証になっているであろう。すなわち、宗教的処罰は不確実であらざるをえないので、抑止的動機としては弱いのである。人間の意見が非難する行為ですらそうであるから、公衆の意見が大目に見ているような行為については尚更そうである。人類が軽い罪だと思っていることを神が深刻に見ていると想定することはできない。少なくともその事をしたいと思っている人々にはできないのである。

私は宗教的処罰の観念が圧倒的な効力を持つ精神状態の人たちがいることを否定しようとはまった

く思わない。心気症の場合、また大きな失望や他の道徳的原因によって思考と想像力が習慣的な鬱状態にある人々の場合、この宗教的処罰の話題は、先行する精神の傾向に合致するために不運な患者を狂気に追い立てる心像を与える。しばしば、一時的な鬱状態の間に、このような観念が心を捉え、性格を恒久的に変えてしまうことがある。宗派的なことばで回心と呼ばれていることの最も普通の場合がそれである。しかし、よくあるように回心の後に鬱状態が止んで、しかも回心が逆戻りせずに新しい生活で持続していくと、新しい生活と旧い生活の主たる差異がどこに見いだされるかと言えば、通常は、以前は世俗世界の意見によって導かれていたが、今や彼の生活は宗教仲間の意見によって導かれるということに見いだされるのである。いずれにしても、一般に人類は、宗教的な人もそうでない人も、実際にはほとんど永遠の処罰を恐れていないことを示す一つの明快な証拠がある。死の瞬間が近づき、永遠の処罰の効果を減少させていた遠さが間近なことに変わっても、大罪を犯していないほとんどの人たちが（そして、犯している多くの人たちも）あの世でどうなるかの見通しについての不安を持たず、永遠に処罰される危険が自分自身に近づいているとは一瞬たりとも考えないということである。

宗教のために信仰告白者や殉教者がしばしば経験した残酷な死や身体の虐待について、私はその驚嘆すべき勇気と志操堅固を公衆の意見の影響のせいにして彼らをおとしめようとは思わない。もちろん、道徳的立派さという点では同じように際立った人々、たとえば火刑に処せられる北アメリカのインディアンのような人々のなかにも、人間の意見が、同じような堅固さを生み出す力があることは立証されている。しかし、たとえ、この英雄的な受難者たちが仲間の宗教者たちの眼に映る栄誉を思って苦痛を耐えたのでなかったとしても、一般的に言って彼らが天国の快楽や地獄の苦痛を思ったのではないだろうと私は思う。彼らの衝動は神懸かり的な熱狂であり、ある観念への我を忘れた没頭であった。これは感情の高揚した状態であり、何も宗教特有のものではなく、人を鼓舞することができることはすべての大義の特権である。この現象は人生の危機的瞬間に属しており、人間の動機の普通の作用には属していない。したがって、その現象からは、宗教的な観念であっても他の何かであっても、その現象が出てきた元になっている観念が日常の誘惑を克服し、日常生活の仕方を規制する有効な力を持っているかどうかについては何も推論できない。

私たちはこれで主題のこの部門を終えてよいであろう。この部門は結局、最も通俗的な部分である。高い精神を持った信仰者は、宗教が、人間の法律の補完、巧妙な一種の警察、そして窃盗者捕獲人や絞首刑執行人の補助として価値があるという部分を強調することを好まない。彼らはたぶん、霊魂のなかで果たす宗教の高尚な役割がなくなってもよいと言うのならば、地獄の恐怖といった粗雑な利己的な社会的道具を他の手段に替えることはたやすいという見解に同調するであろう。たとえ人類のうちの最悪の人々を強制する場合には宗教の助けはいらないとしても、人類の最良の人々は人格完成のために絶対に宗教を必要とする、と彼らは考えているからである。

しかし、社会的観点で見ても、最も高尚な側面で言えば、こうした高い精神の持ち主たちは、社会道徳の強制者とは言わないまでも社会道徳の教師として、宗教が必要であると口をそろえて主張する。

彼らの言い分では、宗教だけが道徳とは何であるかを私たちに教えることができる。いままで人類に認識されたすべての高い道徳は宗教から学ばれたのであり、最大の哲学者たちが思索の高みに達したとしても、聖霊を受けていないのでキリスト教道徳には遙かに及ばない。そして、哲学者たちがたとえ（多くの人たちが考えるように、ヘブライの教典あるいは太古の啓示から出てきた漠然とした伝承を手掛かりにして）低次の道徳に到達したとしても、彼らは一般の同胞市民にその道徳を受け入れさせることができなかった。道徳が神々から出ていると考えられたときに初めて、人々はそれを採用し、賛成し、その執行のために人間的な強制力を与える。宗教的観念がないところで規則を守らせるに十分な人間的動機が存在すると考えるなら、そもそも私たちは規則自体を持つことすらできなかったであろう。このように彼らは言うのである。

歴史的事実として考察した場合、彼らの主張には多くの真理がある。古代の人々は、いつもではないが、一般的に彼らの道徳、法律、知的な信念、そして実際的生活技術まで、つまり彼らを導き訓練する傾向のあるすべてのことを、上位の諸力の啓示として受け取った。そして、それ以外にそれら［の規範］を受け入れやすくする方法はなかった。受け入れやすくなったのは、一つには、これらの上位の諸力への希望と恐れが効力を持っていたからである。神々の行為が日常の生活の出来事のなかに見られた時代、物理的現象が起こる順序を決めている定まった法則が経験によって解明されていなかった昔の時代には、これらの諸力は今日よりもはるかに巨大で普遍的な力を持っていた。また、その時代の素朴な精神は、個人の希望や恐れとは別に自分たちよりも上位の支配力に対して無意識的な畏敬を持っており、人間を超えた力は人間を超えた知識と知恵を持っているに違いないと考える傾向があったので、自分の利害を離れて公正無私に、これらの強力な存在が喜ぶと推定されることに合わせて行為しようとした。また、この支配力から自然に与えられる許可、あるいは祈願によって獲得された許可を得ることなしには新しいことを実行しようとは願わなかった。

しかし、人々が未開人であったときには、超自然的に与えられたものでなければ道徳的真理や科学的真理として受け入れようとしなかったが、現在の人々は、道徳的真理や科学的真理が賢明で高貴な人間の心以外の高い起源を持たないと信じるからといって、その真理を捨てるだろうか。道徳的真理はそれ自身の証拠によって十分に強力で、いったん獲得したなら、何がおきても人類の信念を捉えて離さないのではないだろうか。私は福音書に示されたキリストの教えのいくつかが、通常のキリスト教の基礎であるパウロ主義を遙かに超えて、ある種の道徳的善をそれまでなかった高さにまで押し上げたことを認める。もっともキリストの教えだけにあると思われていたものの多くがマルクス・アントニヌスの『自省録』(11)にも同じくあり、私たちはそれがキリスト教に由来すると考える根拠をまったく持たない。しかし、この教えの利益がどの程度であるにしても、すでに獲得されている。人類は、それを所有することになったのである。それは人類の財産になり、太古の野蛮に逆戻りしない限り、もはや失われることはない。「相互に愛し合うという新しい命令(12)」。最も偉大な人は他人に奉仕する人であり奉仕される人ではないということ。弱く謙虚な人々への敬意、これは騎士道の基礎であるが、神の眼から見てまっさきに優先され、同胞たちに何かを要求できるのは彼らであって強い者たちではないということ。善きサマリア人のたとえの教訓。(13)「罪のない者が最初の石を投げよ」という教訓。(14)そのほか多少の詩的誇張を含んだ高貴な道徳と何を目的にしているのか正確には確かめることができないいくつかの実践的規則。これらがナザレのイエスが実際に語った言葉のなかにある。これらは、すべての善男善女の知性と感情に見事に調和し、人類の最良で最高の部分の信条として承認されているからもはや手放されるおそれはない。これまでも長い間、これらの教えに基づいて行為することは不十分であったし、これからもそうであろう。しかし、人間が教育を受け、文明化した状態を保持している限り、その教えが忘れられたり、人間の良心に働きかけることを止めたりすることはありえない。

他方、受け入れられている道徳的実践規則の起源を超自然的なものだと見なすと、実際に非常に悪い結果となる。その起源が道徳の実践規則のすべてを神聖化するため、規則を議論したり批判することができないのである。したがって、たとえ宗教の一部として受け取られている道徳の教えのなかに何か不完全なもの――それは最初から誤っていたか、あるいは表現に適切な限定や抑制が欠けているか、または一時は異を唱えるにはあたらなかったが、人間の諸関係に生じた変化にもはや適合しなくなったか（いわゆるキリスト教道徳のなかにはこの種の事例が見いだされると私は確信している）であるが――があったとしても、宗教の一部として受け取られている道徳の教えはキリストの最も高潔で永続的で普遍的な教えと同じように良心を縛っていると考えられている。道徳の起源が超自然的なものであるとされると、道徳は型にはまったものとなる。コーランの信仰者たちの間で見られるように、法律もまた同じ理由で型にはまるのである。

したがって、超自然的なものの信念は、人類の発展の初期段階では大きな役割を果たしたが、いまや社会的道徳における正・不正を知るためにも、正しいことを行い不正なことを抑制する動機を与えるためにも必要であるとは考えられない。それゆえ、そのような信念は社会的目的のためには必要ないのである。少なくとも人間個人の人格を別にして、おおざっぱに考えればそうである。さて、本論の主題については、その部門、すなわち人格という高尚な部門がまだ考察されていない。もし、超自然的な信念が実際に個人の人格の完成のために必要だとすれば、それは社会的行動の最高の卓越性にもまた必要である。一般の眼から見て道徳を大きく支えているように見えるという通俗的意味よりもはるかに高い意味で必要である。

そこで次に、人間本性のなかで宗教を必要とする原因になっているものを考察しよう。宗教は人間精神のどんな欲求を満たしているのか。宗教はどのような性質を開発しているのか。これを理解できたときに、私たちはこれらの欲求がどの程度他の方法で満たすことができるのか、またこれらの性質やその性質と等価であるものを他の方法で開発し完成させることができるのかを、もっとよく判定できるだろう。

私は、「恐れが世界のなかに最初の神々をつくった」(15)という旧い格言は正しくない、あるいはせいぜい少しの量の真理しか含んでいないと考える。神々の存在を信じることは、最も粗野な精神にとっても、それよりもずっと名誉ある起源を持っている。その信念の普遍性は、非常に合理的に説明されてきた。つまり、自分自身のうちに感じ取る生命や意思作用が自分で動いているように見える自然物や現象にもあると考える精神の傾向から来ている、と説明されるのである。この考えはまことしやかな空想であるが、当初はこれ以上によい理論は形成できなかった。当然のことながら、これらの対象の運動や作用が恣意的に見え、力自体の自由選択としてしか説明されなかったあいだは、この考えが存続した。当初、対象自体が生きていると想定されたのは確かである。この信念はアフリカの呪物崇拝者のなかではいまでも残っている。しかし、人間よりも多くのことができる事物が、人間がすること、たとえば話すということができないか、あるいはしようとしないのは不合理であるということが早晩明らかにならざるをえなかった。そこで、感覚に現れる対象は生きていないが、人間に似た形態と器官を持つ見えない存在の被造物であり道具であるという解釈に移ったのである。

このような存在が最初に信じられたとき、恐れが必然的に続いた。こうした存在は気の向くままに人間に大きな災害をもたらすことができ、被害を受ける者たちはそれを避けることも予知することもできないと考えられたため、避けるにしても予知するにしても、彼らは神々自身に懇願するほか打つ手がなかった。それゆえ、恐れが宗教と関係があったのは事実である。しかし、神々が存在するという信念は明らかに恐れに先行しており、恐れから出たものではない。もっとも、恐れはいったん確立すると信仰の強い支柱になった。神々の存在を疑うこと以上に、神々を怒らせることはないと考えられていたからである。

ここで私たちが究明しようとしていることは、原始的な精神に宗教がどう宿ったかではなく、文明化した精神のなかに宗教が残っている理由であるから、宗教の自然史をこれ以上たどる必要はない。文明化した精神のなかに宗教が残っている理由の十分な説明は、人間が確実に知っていることが非常に限られている一方で、人間の知識欲には限界がないということにあると私は思う。人間存在は神秘によって取り巻かれている。私たちの経験の狭い範囲は、あたかも果てしない大海に浮かぶ小さな島のようである。この大海は私たちの感情に畏怖の念をあたえると同時に、広大で不明瞭であるため私たちの想像力を刺激する。さらに神秘を深めるのは、私たちが地上で経験することの領域は、無限の空間のなかの小島であるだけではなく、無限の時間のなかにあるということである。過去も未来も私たちには隠されている。宇宙には、私たちの認識能力では知覚できない測り知れないほど多くの世界があるということに深く関心を持つなら、そしてまた、これらの世界について僅かでも何かを発見することに熱心であるにも拘わらず、そうした世界が何であるかを理解できないと分かったとき、その世界の可能性について思索をめぐらすだけではけっして満足できないとき、私たちが住むこの身近な世界がどこから来たのか、いまあるこの世界を造った原因あるいは動因は何であり、世界の将来の運命はどのような力に懸かっているのか、そうしたことを学ぶこと、あるいはただ推測することだけでも、私たちにとってはずっと深い関心事になるのではないだろうか。達成できる見込みがほんの僅かな目的であるからこそ、誰もが他の達成可能な知識に勝ってこのことを熱心に求めるのではないだろうか。中を覗くなら、暗闇を貫く小さな一条の光を見せてくれるかもしれない神秘的な宗教、とりわけ、私たちが理解できる何らかの理論を持ち、その理論によって穏やかで敵対的でない影響力に満ちたされているように描かれている神秘的宗教、そこから発する確かな知らせがあるとき、人はそれを信用しないでいられるだろうか。しかし、私たちはこの宗教に、人間の行為や意図から引き出された特殊で不確かな類推の手を借りて、ただ想像力でもってしか入ることができない。そこで想像力は、それ自身によく馴染んだ想像をもって自由に知識の空隙を埋める。高尚な想像力であれば荘厳で高貴な想像になり、卑屈な想像力であれば低次の卑しい想像になる。

　宗教と詩は少なくとも一つの側面で人間の本質の同じ部分に対応している。両方とも同じ欲求、すなわち平坦な人生のなかで実現されるとわかっていることよりも、もっと壮大で美しいことを理想的に思い描きたいという欲求を満たしているのである。宗教は詩と違って、想像力によって考えたことが現世とは別の世界で実際に想像されたとおりの現実になっているかどうかを知ろうとする欲求から生まれる。このような状態の精神は、特に自分よりも賢そうな人々から、他の世界についての風説を熱心に得ようとする。そのようにして、超自然的なことについての詩に現実的信念と期待が加わり、詩を解さない精神も詩的な精神とともにその信念と期待を共有するのである。神や神々の存在、そして死後の生の信念が心の画布になり、その上に誰もがおのおのの力量に従って独創的にあるいは模倣して理想の絵を描く。死後の世界において、各人はこの世で見つけそこねた善を、あるいは、この地上で部分的に経験した善によって示唆されたもっとよいものを発見することを期待する。この信念は特に、より繊細な精神に対して、地上で知ることができる存在よりももっと畏怖すべき存在、そして彼らがおそらく知ったことがある存在よりももっと卓越した存在、そうした存在を考える素材を提供する。人生が人間の諸々の希求を満たすには不十分である限り、高次の存在への渇望が生じるであろうし、その渇望を最もはっきり満たすのが宗教なのである。地上の生活が苦難に満ちている限り、慰めの必要があるであろう。天への希望が利己的な者を慰め、神の愛が柔和で感謝に満ちた者を慰める。

　それゆえ、個人にとっての宗教の価値が、むかしもいまも、個人の満足と感情の高揚の源泉であるという点にあることは議論の余地がない。しかし、なお考察されねばならないのは、この善を獲得するために私たちが住んでいるこの世界を超えて行くことが必要なのかということである。あるいは、目に見えない諸力を信じるよりも、地上の生活を理想に近づけることによって、つまりこの地上の生活が形成される可能性について高次の観念を開発することよって、詩や、言葉の最も善い意味での宗教を生み出すことができないかということである。これらは、同じように感情を高めるのに適しており、（同じく教育の力をかりて）行為を高貴にするためには遙かに有効である。

　このような可能性を示唆すると、とたんに多くの人たちが声を大にして言うであろう。私たちが見る範囲を超えて人生が続いていくのでなければ、人生は短く、小さく、とるに足らないから、そのような小さな規模で展開されることに偉大で高尚な感情は結びつくことができない。そのような人生観はエピクロス的感情と「飲み食いしようではないか、明日は死ぬのだから[16]」というエピクロスの教え以上のものには合致しない、と。

　一定の限界はあるにせよ、エピクロス学派の実践的指針が健全であり、飲み食い以上の高次のことがらにも適用できることは疑いない。すべての善い目的のため、特に楽しみの目的のために現在を十分に利用すること、けっして来ないかもしれない未来のために現在の善を不当に犠牲にすることに繫がる精神の傾向を抑えること、遠くにあるものを熱心に追い求めることより自分の手の届く範囲内にあることから快楽を引き出す習慣を育てること、個人の快楽のためや自分自身や他人のために役立つことをするために費やされなかった時間はすべて浪費されたと考えること、こうしたことは賢い実践規則であり、「今を楽しめ」(17)という教えは、ここまで徹底するなら、人生の短さから合理的に当然出てきてよい結果である。しかし、人生が短いからといってそれを超えた一切を顧慮すべきでないという結論を引き出すのは適切ではない。また、人間は一般に人生で実際に見聞きしないことに深い感情を持ったり、深い関心を持つことができないと想定することは、人間本性を見誤り見下げている。個人の人生は短くとも人間という種の生命は短くはないことを忘れないようにしよう。種としての人間が無限に続いているということは実際には終わりがないということに等しい。そして、種の持続は無限の改良能力と結びついているから、想像力と共感力に対して、理性が持つ気宇壮大な願望のどんなものでも満足させる広大な対象を提供する。もし無限で永遠の美を夢見ることに慣れている［宗教的］精神にとってその対象が小さく見えるというなら、そうした根拠のない空想が過去のものになるとき、その対象は別の次元に広がっていくであろう。

また私たちの種のうちで優秀な精神と心情を持つ人たちだけが、自分の感情を人類全体の生命と同化させることができるなどとは、けっして考えないようにしよう。この高尚な能力はもちろん一定の教育を必要とするが、その教育は、人間の改善が持続していくときに可能になる教育、将来間違いなく人類全体に与えられるようになる教育で十分なのである。これよりも小さな、しかし同じく地上の限界内にある（個人の人生の範囲内ということではないが）さまざまな目的が、これまでにも、人類という巨大な集団、長く継続的な存在を十分鼓舞し、そこに、行動を律し生活を彩ることのできる熱情を吹き込んできた。ユダヤ人にとってエホバが宗教であったのなら、同じように、ローマの全人民にとってローマは何世代にもわたって一つの宗教であった。いやそれ以上のものであった。なぜなら、ユダヤ人はその礼拝から離脱したことがあったが、ローマ人はその礼拝から脱落したことがなかったからである。ローマ人は他の点では利己的であり、純粋に実践的な能力以外にこれといっためざましい能力を持たなかったが、一つの観念から偉大な魂を引き出した。この偉大な魂は、ほかならぬそのローマという観念が問題になる場所で、ローマ人の歴史全体を通じて現れ、他の点ではまったく賞賛に値しないローマ人を大いに賞賛されるべき人たちにした。つまり、当時から今日に至るまで最も高貴な精神を持った人々が、ローマ人に対して賞賛の念を抱いてきたのである。

教育条件が支えになった場合に、祖国愛という感情がどれだけ熱烈なものになるかを考えるとき、もっと広い国、すなわち世界への愛が、高尚な情操の源泉として、また義務の原理として同じような強さで育成されることなどありえないと断定することはできない。古代史全体から、この問題についての他の教訓を知る必要がある人は、キケロの『義務論』を読むのがよいであろう。この有名な論文で述べられた道徳基準が高すぎると言うことはできない。私たちの考えと比較すれば、それは多くの点で不当に手ぬるく良心を降伏させてしまっている。しかし、自分たちの祖国への義務ということについては妥協がない。ギリシア・ローマの道徳の卓越した解釈者であったキケロは、徳に対して僅かな気持ちしか持たない人が、生命、名声、家族あるいは自分にとって価値あるものを祖国愛のために犠牲にすることをためらうかもしれないなどとは一度も考えなかった。さて、このように自分の国の善は他の一切に優先するということを理論として信じるばかりでなく、これを実際に人生の主要な義務と感じるように人々を訓練することが可能であったのなら、普遍的な善に向かう同じ絶対的な責務を感じるように教育することも可能である。全体的善についての広く賢い見解に基づいた道徳は、個人を集団のために犠牲にすることも集団を個人のために犠牲にすることもせず、それぞれに適切な領域をさだめ、一方で義務を与えると同時に他方で自由と自発性を与える。このような道徳は、優れた人格を同情や善意や理想的卓越性への情熱によって支配し、劣った人格を彼らの能力の程度に応じて育成された同じ感情とそれに付加された恥の力によって支配する。この高められた道徳は、何らかの報酬の希望に基づいて奨励されるのではない。求められ、またそれを思うだけで苦難のなかの慰めになるような、そしてくじけそうになる瞬間に支えになるような報酬があるとすれば、それはあるかないかわからないような将来の生ではなく、現世において私たちが尊敬する人たちによって、そして理想的には死者生者の区別なく私たちが賞賛し敬意を持つすべての人々によってよいと認められるということであろう。というのは、私たちの死んだ両親や友人たちが私たちの行為を是認してくれるだろうと考えれば、それは生きている人たちが是認することを知っているのと同じくらい強い動機になるからである。ソクラテス、ハワード、ワシントン、アントニヌス、キリストなら共感してくれであろう、あるいは彼らを動かした精神に自分も参与しようとしているのだと考えるなら、その思いは最良の人々の精神に働きかけ、自分の最高の感情と確信に従って行為する強い誘因になる。

このような感情を、ただ道徳という名で呼ぶだけで、他の名前を使わないのでは、この感情の資格を十分に表現していない。それは実際には一つの宗教なのである。他の宗教の場合と同様に、外面的な善行（これが道徳という語が通常示唆する最大の意味であるが）はこの宗教の一部にしかすぎない。むしろそれは宗教自体というより宗教の果実である。宗教の本質は、最高の卓越性として認識され、あらゆる利己的な欲望の対象を正当に凌駕する理想的な対象に感情と欲望を強く真摯に向けることである。この条件を優れた程度、高次の意味で満たしているのは人類教〈the Religion of Humanity〉(18)である。これは超自然的宗教の最良の形態と比較してもひけをとらないし、他の宗教とくらべて遙かに優れている。

この話題については、もっと多くのことが付け加えられるかもしれない。しかし、人間本性に本質的に備わる能力と、その能力がたまたま歴史的に発展してきた形態を区別できる人なら、人類の一体感と一般的善への深い感情を、宗教のすべての重要な機能を果たすことのできる感情と原理になるように育成し、それ自身宗教の名に値するようなものにすることが可能であるということを、これまで述べてきたことで十分理解できるだろう。私は、ここでさらに主張したい。人類教はこれらの機能を果たすことができるだけでなく、どのような超自然主義の形態よりもよく果たすことができる。それは宗教の名に値するだけでなく、通常宗教の名で呼ばれているあらゆるものよりもよい宗教である。

なぜなら、第一に、それは自分の利害にとらわれないからである。人類教は思想や感情を自我の殻から外に取り出し、その思想や感情を、それ自体が目的であり愛され追求されるような利他的な対象に固定する。来世の生についての約束や脅迫に関わる宗教は、まさに逆のことを行う。そうした宗教は思考をその人自身の死後の利益に向けさせ、他人への義務の遂行を主に自分の救いの手段と見なすように働きかける。そして、そのような宗教は、私たちの本性のなかにある利他的な要素を強め、利己的な要素を弱めるという道徳教育の最大の目的にとって、最も深刻な障害になる。その宗教は想像力に非常に大きな利己的善悪を差し出すので、その善悪の現実性をすっかり信じる人は、ほかの遠くにある理想的目的に振り向けるべき感情や関心を持つことが難しくなる。人類のなかで多くの最も利他的な人々が超自然主義を信じてきたことは事実である。しかしそれは、彼らの精神が彼らの宗教の約束や脅迫に拘泥せず、主として彼らが信頼に満ちた愛をもって見上げる存在［としての神］を思い、その存在の手に特に自分にかかわる一切のことを委ねていたからである。しかし、通常の精神への効果の点では、現在、宗教の名で通用していることは、主に利己心の感情によって動いている。福音書のキリストすら天からの報酬の直接的約束を差し出して、それを彼が非常に印象的に教え、私たち仲間に対する高貴で美しい善行の第一の誘因としている。この点で、最善の超自然的宗教も人類教と比較した場合、根本的に劣っている。人間性の改善のために道徳的影響が達成できる最大のことは非利己的な感情を開発することであるが、その開発は人間本性のなかにある他の能動的原理を育てる効果的なやり方、すなわち習慣的にそれを活動させる方法によるほかはない。しかし、この世における私たちの行為の代償として来世において報酬をえようと期待する習慣は、徳自体をもはや非利己的な感情の行使ではないものにしてしまう。

第二に、人間の人格を高め改善する手段としての旧い宗教の価値は、私たちが知的な能力を積極的に曲げると言わないまでも、ある意味で不活発にすることを想定しないでは、最善の道徳的効果をあげることがまったくではないにしてもかなり難しいからである。なぜなら、ものを考える習慣を持ち、詭弁によって探求心を鈍らせることのできない人は、この惑星とそこに住む生物のように体裁悪く造られ、気まぐれに支配されている被造物の創造者・支配者に絶対的な完全さを帰することに疑いを持たないわけにはいかないからである。このような存在に対する崇敬は、心がかなり複雑になっていない限り、とうてい心からのものではありえない。礼拝は疑いによって大きく曇らされ、ときどき闇雲になるか、道徳感情が低い水準の自然の運命にまで沈んでいかざるをえない。礼拝者は、党派的な考えかたや、残忍さ、非情な不義を考えないようにすることを学ばなければならないが、礼拝の対象の欠陥については考えない。なぜなら、これらの欠陥は、自然の普通の現象を大きく超えているからである。礼拝されている神が、一般的に言って、自然の神だけではなく何らかの啓示の神であることは事実である。そして啓示の性格が宗教の道徳的影響を大きく修正するであろうし、改善することもある。このことはキリスト教の場合に強く当てはまる。なぜなら、山上の説教(19)の創始者は、自然の創始者ではなく、はるかに柔和な存在であるからである。しかし不幸なことに、キリスト教の啓示の信仰者は、同じ存在がその両方の創始者であることを信じる責務がある。彼が断固としてその問題から精神を解き放つか、自分の良心を詭弁で沈黙させる行為に出ないなら、両方を信じることによって彼は終わりのない道徳的困惑に引きずりこまれる。自然の神の振る舞い方は、彼が信じる福音書における同じ神の教えと多くの場合、まったく相容れないからである。この困惑から道徳的に傷を受けない人は、おそらく、二つの基準を調停しようとしない人である。彼は、摂理の目指していることは秘儀であり、摂理のあり方は私たちのあり方とは違っていて、[20]その正義と善も私たちが理解し実践に役立てることができるような正義と善ではない、と自分に言い聞かせているのである。しかし、これが信仰者の感情であるなら、神崇拝は、純粋な道徳の完成を慕いもとめることではなくなる。それでは私たちがまねることに適さない何か巨大なものの影にかしずくことになってしまう。それは単なる力を崇拝することである。

私は啓示それ自身に含まれる道徳的難点や歪曲については何も語らない。ただ、福音書のキリスト教でも、少なくとも通常の解釈では、キリストの言葉と性格の際だった特徴である美と優しさと道徳的偉大さのすべてをほとんど台無しにするような、ひどい性格のものがある。たとえば、地獄を創ることができたような存在を最高の礼拝の対象と考えていることである。この存在は、人間がその運命に遭うことを予め知っていながら、そうなるように幾世代もの人類を創造することができた。このような神を模倣すれば、あらゆる道徳的大罪が正当されるのではないか。また、このような存在を崇拝して、正邪の基準をひどくねじ曲げないでいられるであろうか。その他、通常のキリスト教のなかには、通常の正義や人間性に反する神の道徳的性格についての考えがあるが、この「地獄という」悪の恐ろしい理想化に比べればとるに足らない。それらの多くは、幸いなことにキリスト自身の言葉から確かに出ているというより、明白にキリスト教の教義に属する。たとえば、贖罪と救済、原罪と身代わりの罰という考えの起源は本当にキリスト教なのかを疑うことができる。同じことが、キリストが神から派遣されたと信じることが救いの条件であるという教義についても言える。キリスト自身がそう言ったとは、聖マルコの最後の記述にある復活についての雑ぱくな説明を除いては、どこにも書かれていない。この部分は何人かの批評家たち（私はその人たちが最良の批評家であると思うが）が、挿入であると考えている。また、「神によって任命された支配者たち」という命題と、その命題から出てくる一連の結論はパウロのものであって、パウロ思想とともに立ちもすれば倒れもするが、キリスト教と同体であるわけではない。しかし、あらゆる形態のキリスト教から切り離すことのできない一つの道徳的矛盾がある。これはどんな工夫でも解決できず、どんな詭弁でも説明しきれない。それは、少数者に与えられた非常に貴重な賜物が、多くの者には与えられていないということである。おびただしい数の人間が、ただ一つの必要なもの、すなわち罪と苦難に対する神の手当を与えられないまま、生きて死ななければならなかった。贈与者［である神］にとっては、すべての者を手当したとしても、特別な恵みによって好意を受けた少数の者たちを手当することと、払う犠牲は同じであったはずである。これに加えて、神からの伝言があったとして、それが本当に神からの伝言であったということを信じさせる証拠があまりにも不十分であるため、最も強く教養のある精神を持った人々の多くを説得できない。そのような証拠を信じない傾向は、科学的知識と批判的分別の増大とともに大きくなっているように見える。完全に善である存在が証拠を意図的に不十分にしていると信じることができる人は、人間のあいだで受け入れられている善や正義の奨励を、ことごとく沈黙させるほかはなくなる。

もちろん、まったく道徳感情を曲げることなく、自然の神あるいは福音書の神を熱心に献身的に崇拝することは可能であり（その事例は多くある）、それは福音書の教えと精神のうちに、また自然の摂理のうちにある美しいものの有益なものにもっぱら注意をむけ、その反対のものを一切、まったく存在しないかのように顧慮しないことによって可能なのである。こういう次第で、この単純で無垢な信仰は、すでに述べたように、思索が不活発な状態であるときのみ思索能力と共存できる。知性を活動させている人にとっては、理解力や良心を理屈で複雑にするか曲げることをしなければ、同じような単純で無垢な信仰に到達できない。宗派や個人についてほとんど絶えず言われていることだが、宗教から道徳を引き出している人は、論客として善ければ、道徳家としてはそれだけ悪くなる。

超自然的なものへの信念の一つの形態だけが――宇宙の起源と支配に関するただ一つの理論だけが――知的な矛盾と道徳的不正をまったく免れている。それは、全能の創造者という観念をきっぱり断念し、自然と生命を神の道徳的性格と目的を表すものとしてではなく、仕組みを作る善と加工しにくい材料とのあいだの抗争の産物として見る。後者の材料は、プラトンの考えでは質料であり[21]、マニ教の教義では悪の原理である。このような信条は、私たちの時代の教養ある良心的な人物の少なくとも一人が堅く信じたものであることを私は知っているが[22]、これによって信じられているのは、存在する大量の悪は私たちが崇拝するようにと呼びかけられている［神という］存在によって意図されたものではなく、またその存在によって指定されて存在するのでもなく、その存在の意図と関わりなく存在するということである。徳のある人は、この理論のなかでは、至高者［としての神］とともに労する仲間、大きな闘争を戦う高められた性格を持つ同志という責任を引きうける。彼は小さな自分自身の貢献をするが、それは彼と似た多くの人々の貢献と合わせれば大きなものになり、進歩を推し進め、最後には善が悪に完全に勝利する。これが歴史の目的である。この教義によって、私たちはこの自分のささやかな貢献を、自然のなかに見える好意的な仕組みのすべての元である存在によって計画されたものであると見ることを教えられる。この信条の道徳的傾向については何の反論も提出できない。この信条を信じることができた人に対して、この信条はひたすらその人を高潔にする効果を持つだけである。もちろんその証拠は、持ち出すことが可能だとしても余りにおぼろげで実質が乏しく、それが約束することは余りに遠く不確かであるから、いつまでも人類教の代わりになるわけにはいかない。しかし、この二つを一緒に結びつけて主張することはできる。そして理想的善とそれに向けての人類の進歩がすでに宗教となっている人にとっては、他の信条が証拠に基づいた信念でないように見えるとしても、それが真理である可能性があるということを考えて心楽しみ励まされることは許される。教義的な信念とは別に、信念を必要とする人には、想像力の分野に広大な領域が残っている。この領域には誤りであるとは言えない可能性や仮説を植えることができる。そして、そうした仮説に合致するような自然現象があったなら、そして、いま論じている場合ではそれはあるが（というのは、人間の工夫の効果と類似のことが自然にもあるという類比にどれだけの力を認めるにしても、自然のなかにある善は悪よりもずっとそのような類比を示すことが多いというペイリーの指摘は反駁されないからである）、そのような可能性を思うことは、許されていい楽しみである。その思索は、善に向けての感情や衝動の傾向を育て活発にする点において、他の影響と並んで役割を果たすことができる。

わずかに、超自然的宗教が人類教よりも勝っているはずの利点が一つ存在する。それが主張する個人の死後の生への展望である。理解力に懐疑的になることは必ずしも想像力や感情からなる神実在論を排除しないとはいえ、また、この神実在論は、私たちに多くのことをしてくれた力は死後の生を与えることもできるし、またそうしようとしているのだと信じる機会を与えているとはいえ、この曖昧な可能性は人を説得するまでには至らない。そこで残された課題は、来世への展望というこの要素が、どの程度、地上の幸福の構成要素になるかを査定することである。人類の状態が改善され、人生が幸福になり、利他的な源泉から幸福を引き出すことができるようになればそれだけ、人類は来世への欺瞞的な期待を持つことが少なくなるであろう、と私は考えざるをえない。本性的にも一般的にも、現在の生を引き延ばし、死後の生を熱心に望む人は幸福な人ではない。そうするのは幸福でなかった人である。幸福だった人は死を受け入れることができる。しかし、生きたことがなければ死ぬことは難しい。人類が現在の苦難とひきかえの慰めとして来世を求める必要がなくなったとき、死後の生は人類にとってたいした価値を持たなくなるであろう。いま私が語っているのは利他的な人のことである。自分だけに閉じこもって自分の感情を自分よりも永続するものに結びつけることができない人たち、同時代の若者たちのうちに、そして人間の営みの進歩的な運動の推進に力を貸しているすべての人のうちに自分の生命が生き続けると感じることができない人たちは、生きる関心を持ち続けるために死後のもう一つの利己的な生を考える必要がある。なぜなら、現在の生が終わりに近づくにしたがって、負っていく価値がないものに縮小していくからである。しかし人類教を超自然的宗教と同じくらいせっせと教育するなら（また、自然宗教以上に熱心に教育することも十分考えられるが）普通程度に道徳教育を受けた人たちは、死の時に至るまで彼らの後に続く人たちの生命のなかに理想的に生きるであろう。そして、彼らもときどき個人として現世の生をもっと長く生きたいと思うに違いないが、私は、個人によって寿命は違ってもそれぞれ十分に生き、喜んで死に永遠の安息を得るようになるだろうと思う。当面、遠い将来を見ることなく私たちが言えることは、霊魂の不滅を信じる人たちは、その希望を持たない人たちよりも一般により多くとは言わないまでも、かなり不承不承、世を去るのである。単に存在しなくなるということは誰にとっても悪ではない。その観念が恐ろしくなるのは、ただ想像力の幻想によって、生きているのに死んでいると感じる自分を思い描くからである。死で恐ろしいのは死自体ではなく、死んでいくという行為であり、それに付随する憂鬱な出来事である。不死を信じている者も、このすべてを同じく平等に経験しなければならない。また私は、霊魂の不死についての懐疑派がその懐疑によって一つを除いて実際の価値ある慰めを失うとも思わない。失う一つの慰めは、彼よりも先に地上の生を終えた、愛する者に再会することである。それが無いということはもちろん否定できないし軽いことではない。多くの事例によればそれは比較や評価の及ばないことである。その慰めは、感受性の高い人々のあいだで想像力による将来の希望として維持されていればそれで十分としなければならないであろう。その希望について、たとえ何も証明できることがなくとも、知識や経験に矛盾することではないからである。

私たちが知る限り、人類は天国への信仰なしでも十分立派にやっていけるということを歴史は確証している。ギリシア人が持っていなかったのは将来の状態という魅惑的な観念であった。「死者の楽土」は彼らの感情と想像力を引きつける力を持たなかった。『オデュッセイア』[23]のアキレウスは、死者の王国を統治するより貧乏な主人のもとで農奴になった方がよいと語ったとき、自然な、そして疑いもなく普通の気持ちを表現していた。そしてハドリアヌス帝が死の際に自分の魂に語った言葉は[24]、陰鬱な性格が印象的であるが、かなり後の時代でも一般の観念はそれほど変化していなかったことの証拠である。しかし、私たちはギリシア人が他の人々よりも人生を楽しまなかったとか、死をもっと恐れたとは思わない。おそらく、今日、仏教の信仰者はキリスト教やイスラム教の信仰者よりも多い。仏教の教義は、未来の一つの生、あるいはむしろ未来の多くの生における多くの形態の刑罰を認めている。それは霊魂が新しい人間や動物の身体に移るという形態での刑罰である。しかし、最高のレベルの有徳な生活を耐え抜いたことに対して、天からの祝福として報酬として与えられるのは霊魂消滅である。つまり、少なくともあらゆる意識や個別の存在ではなくなるということである。仏教のなかに、自分たちが奨励しようとしている行為に超自然的動機を与えようと努める立法家や道徳家の仕事を読み込むことは不可能である。力を尽した精励刻苦と自己否定によって勝ち取られた主たる報償として彼らが差し出すことができたもので、しばしば恐ろしいものとして語られる霊魂消滅という観念以上に超越的なものは何もないのである。確かに、これはこの考えが実際には、あるいは自然なこととしては恐ろしいものではないことを証明している。哲学者だけでなく人類の普通の人たちも、この考えを容易に受け入れることができる。また、この考えをよいとすら考える。生命が与えることのできる最大のことを長い時間をへて十分に享受した後、すべての快楽が、そして人に親切にする快楽もまた普通のものになり、味わっていないものや知らないものは何もなく、好奇心を刺激して生き続けようという欲望を維持するようなものは何も残っていないとき、生命自身が終わることが、幸福な生活という観念の自然な部分でないとはいえない。私は、高次のそして特に幸福な人生の条件のなかでは、霊魂の消滅ではなく霊魂の不死という観念が重荷になることがありうるし、おそらくそうなると思う。そして、自然の人間は現在を楽しみ、けっしていらいらして現在を捨て去ろうとはしないが、自分がいつまでも維持することを望むかどうか確信できない意識という存在様式に永遠に繋がれるのではないと考えて、慰めを得るのであって、悲しまないであろうと思う。

第三論文　有神論

第一部

序

信仰者と無信仰者の間でなされる自然宗教と啓示宗教をめぐる論争は、他の永続的な論争の場合と同じく、時代によってその実質的性格を変えている。少なくともその議論を比較的高い水準の部分で見れば、私たちの世代の議論の仕方には一八世紀や一九世紀の初頭と比較して際だった変化が見られる。変化の特徴の一つはきわめて明瞭なので一般によく認識されている。それは、無信仰者の側からの議論がずっと穏健な論調でなされるようになってきたという事実である。むかしは、信仰者の側の非寛容によって挑発された反動的暴力があったが、いまやそうした暴力は大方、影をひそめた。かつては、もっぱら否定的な理論だけで――つまり、迷信を批判することだけで、人類を改善できると思う熱烈な希望があったが、経験を通じてその希望は弱まった。歴史を哲学的に研究することは最近始まったきわめて重要なことであるが、その研究によって過去の教義や制度を絶対的視点からでなく相対的視点から公平に評価することができるようになった。――過去の教義や制度は人類の発展段階の偶然的所産であって、それを今とやかく言ってもしかたがないし、むしろ、それらが過去において果たした成果を賞賛し感謝すべきなのかもしれない、と。もっとも、それだからと言って、それらが将来、同じように役立つと考えることはできないかもしれないが。さらにまた、超自然的なものを拒否する比較的教養のある人たちによってキリスト教や神実在論に割り当てられる場所は、前の時代のように、最初から人々を過ちに導く非難に値するものというより、かつては大きな価値を持っていたが、今ではそれなしでもすますことができるものという位置である。

人類の宗教思想に対するこのような道徳的態度の変化に呼応して、思慮深い無信仰者の側では、知的態度にも変化が生じている。宗教的信念に反対する戦いは、前世紀には主に常識や論理の土俵で戦われてきたが、現在では科学の土俵で戦われている。自然諸科学の進歩は、決定的な証拠によって人類の宗教的伝統とは相容れない事実を確定したように思われる。他方、人文学と歴史学で立証済みだと考えられているのは、過去の信条は人間精神の自然な成長の結果であり、人間精神の履歴の一段階のことにすぎないので、もっと発展した段階においては別の信念に席を譲って消えていく定めであるということである。議論の進展のためにはこのような考えかたの方が、真理問題に直接かかわる考察よりも優れているように見える。少なくとも宗教を退ける者たちが宗教を論じる場合には、彼らの論調は宗教がそれ自体、真であるか偽であるかというよりも、宗教は文明のある段階で産まれたものであり、ちょうど一つの地質学的期間が生み出した動物や植物が、生存に必要な条件を失って、次の期間に絶滅するのに似ているといった論調が多くなってきている。

このようにして、人間の思想を、特に歴史的観点から、歴史自体の独自の法則に従っている事実と見なし、他の観察できる事実の場合と同様に、歴史的あるいは科学的説明を要求する最近の思想研究の傾向は（宗教の問題に限定されない傾向であるが）、けっして非難されるべきことではなく、むしろ歓迎すべきことである。単に、人間の思想のなかで今まで認識されてこなかった重要な側面に注意をうながすからではなく、そうした思想研究は、間接的ではあっても思想の真理問題に現実に関わりを持つからである。つまり、何らかの議論の余地のある問題について人がどんな意見を持とうと、もし、その人が思慮深い思想家なら、反対意見が存在することの理由を説明できなければ、確信は完全なものにならない。論争相手の意見を人間の理解力の弱さのせいにすることは、思慮深い思想家には十分な説明ではありえない。なぜなら、自分自身は他の人類よりもその弱さを持っていないとか、相手の方が自分よりも間違っているに違いないとは到底言い切れないからである。証拠を自分で調べるときには、他人の信念それ自体が、あるいは時には、人類全体が信じているということそれ自体が、説明されるべきデータの一つなのである。人間知性は弱いかもしれないが、本質的にひねくれてはいないから、多くの人々の精神によって信じられている意見には、真理であるかもしれない幾らかの信憑性がある。その意見を退けるからには、その意見が広く採用されている他の本当の理由、あるいは可能な理由を提示する必要がある。特に神実在論の基礎に関する研究にとって、この考慮は重要である。神実在論を真理であるとする議論で、人類の一般的承認ほどよく持ち出され、また信頼されている論拠はないからである。

他方、宗教問題を歴史的に考察することには十分価値があるけれども、私たちはそれを理由にして歴史的考察を真偽問題の議論に取って代えてはならない。重要な主題に関する意見の最も重要な性質は真偽であるが、私たちにとって真偽とは根拠になっている証拠が十分であるかどうかということに帰着する。宗教という主題は、厳密に科学的問題として時をおいて何度も見直される必要がある。そして、宗教の証拠も、物理的科学と同じ方法によって検査され、物理的科学の推論によって引き出された同じ原理によってテストされるべきである。科学の正統な手続きによって到達された結論は、あらゆる意見に勝る資格を持つ。たとえどんなに広く支持された意見であっても、科学の結論と矛盾するなら退けられる。二〇〇〇年にわたる成功と失敗によって確立された科学的証拠の基準は、知ることが可能なあらゆる主題に適用できる。このことをまず認めよう。その上で、私たちは、科学という土俵の上で宗教的信念が持つ場所を考察していこう。宗教的信念は、科学が認めることのできるような、どのような証拠に訴えているのであろうか、そして宗教の教義には科学的公理と考えられるようなどのような基礎があるのであろうか。

本論で、私たちはもちろん自然宗教、すなわち神の存在と諸属性の説から検討を始める。

有神論

私は、自然神学の問題を、神々の存在の問題ではなく［数性を持たない］神の存在あるいは一人の神の存在の問題と定義している。しかし、人間精神には複数の神々を信じることのほうが、自然の創造神で支配者である一人の神を信じるよりも比較にならないほど自然であり、一人の神を信じるというこの高度の信念は前者に比べれば、人為的に造られたものであって、（初期教育で刻印された場合を除けば）かなりの知的な教育をへてようやくそこに到達するものであることを、多くの歴史的証拠は証明している。私たちが自然の働きのなかに認める多様性を、すべて単一の意志によって作り出されている見る解釈は、長い間、強引で不自然なものと思われてきた。無学な人、あるいは科学以前の時代であればすべての人にとって、自然現象は、相互にまったく異質な、相互に独立した動きをする複数の諸力の結果であるように思われた。そして、意志を持つ意識にその諸力の起源を帰することはごく自然なことであったが、十分に重要で関心をひく諸力が相互に区別され、注目され名づけられれば、その数だけ独立した意志があると解釈されたのは当然のなりゆきであった。多神論自体には、何もなくてもおのずと一神論に変化していく傾向は存在していない。もちろん、一般に多神論の体系において、最高度の畏怖を引き起こす特別な性質を持っている神が、通常他の神々を支配していると考えられていることは事実である。そして、このような多神論の体系のなかでおそらく形が最も崩れているヒンズー教でも、崇拝の直接の対象である神に対して、一神論の信仰者が慣れ親しんでいるさまざまな賛辞が奉げられる。ただし、一人の統治者である神が実際に認められているということはない。高位の神が権力を行使すれば、下位の神の意図をくじくことができるということはあるにせよ、普通は、すべての神がそれぞれ自分の領域を支配するのである。単一の創造神であり支配者であるような神への信念が本当に成立したのは、人類が自分たちの周囲でおこる見かけは混乱した諸現象を一定の計画によって動いている体系として見ることができるようになってからである。もしかすると、時代に先駆けて世界をこのように見ることのできた例外的な天才は存在したかもしれない。（ただ、通常、考えられているよりも、ずっとまれであったろう。）しかし、この見方が普及したのは、科学的思想がかなりの時間をかけて発達した後なのである。

科学研究によって、一神論と比較すればはるかに自然な多神論が一神論に置き換えられた過程には、少しも神秘的なところはない。科学の本質は、証拠を多く集めて、自然界のあらゆる事象がその事象に先行する何らかの事実あるいは事実の複合と諸法則によって結びついていること、あるいは、別の言い方をするなら、自然界のあらゆる事象は、先行する事象に依存しているということを証明することである。もっとも、この場合、一つの先行する事象への依存はそれほど厳格ではなく、他の先行する事象によって妨げられたり修正されたりする余地はある。というのは、因果関係の個々の鎖は、相互に絡み合っているからである。一つの原因の作用は、それ自身の定まった法則によって起こるが、他の諸原因によって制約される。したがって、すべての効果は、一つの原因の結果というより、すべての原因を集約した結果である。私たちが経験する世界では、何かが起こるときは必ず何らかの種類の目に見える影響を自然の広域あるいは局所に与える。そして、その事象が生起しなければ、起こらなかった微細な変化を自然界のあらゆる部分に及ぼすこともないわけではない。さて、すべての事象が先行する事象に依存していること、そして、その事象が生起するためには多くの先行する事象が生起する必要があり、もしかすると自然界のすべての先行する事象が生起しなければならず、それらのうちのたった一つの些細な違いも、現象を妨害するか実質的に性格を変えてしまうとすると、この二つの信念が精神に定着したとき、続いて次の信念が形成されるであろう。すなわち、自然界の一部だけでなく全体を支配している存在以外に、ある事象を、いやむしろある種類の事象を絶対的に決定したり支配したりすることはできないという信念である。少なくも複数の神を認めるなら、そのような理論と神の絶対的統一を考える理論との差異がほとんどの目的に関して取るに足らないと言えるほど、神々の行為の足並みがそろい意志の統一があるのでなければならない。

したがって、一神論が神実在論〈有神論〉の代表として受け入れられる理由は、理論的に言えば、それが人類の比較的進歩した部分の人々のすべてが採用している神実在論であるからではなく、科学的根拠に基づいて主張できる唯一の神論であるからである。これ以外の、宇宙が超自然的存在によって支配されているという理論は、一定の法則に合わせて自然事象を次々に生起させるという支配方式と相容れないか、これらの継起が他のすべてのことに依存しているという事実と相容れないのである。これらの二つは、科学の最も一般的な二つの成果である。

自然を一つの連結された体系、あるいは統合された全体として、つまり、相互に受動的に並置された別々の糸をつなげあわせた網のようなものとしてではなく、人間や動物の身体にみられるように、すべての部分の間に絶えず作用と反作用が起こるような機構として見る科学的な見方から出発するなら、神実在論が答えようとしている問題は、少なくとも自然なものであり、明らかに人間精神の必要から出ていると認められなければならない。私たちは、観察手段に応じて、個々の事実が一定の仕方で開始される様子を見るのになれているので、何かが始まるときには、それに先行する事実（私たちはこれを原因と言う）があったと考え、またその事実なしには、現象が発生しなかったと考える。その理解に慣れた人間精神が、個別の現象を部分とする全体にもまた、開始があるのではないか、もしそうなら、その開始が起源ではないのか、私たちが自然と呼ぶもろもろの因果の全系列には、それなしには自然が存在しなかったような、先行する何かがあるのではないか、と問わないわけにはいかなかった。記録されている最初の思索以来、この問題はいつでも仮説的な答えを伴っていた。長い間、満足のいく唯一の答えであったのが神実在論〈有神論〉である。

この問題をもっぱら科学的研究として見ることが、私たちの当面の課題であるが、この問題は二つの問いに分解できる。第一に、すべての現象の起源を創造神である神の意志に見る理論は、確認された科学の成果と矛盾しないであろうか。第二に、私たちの長い科学研究によれば、およそ証明は証拠の諸原理と信念の諸基準によって導かれる必要があることが立証されているが、仮に矛盾しないと想定した場合、この理論の証明は、それらの原理と基準の検査に耐えるようなものであろうか。

第一の問題から検討しよう。神実在論には、科学研究によって知られている最も一般的真理に合致する考え方と、矛盾する考え方がある。

科学の一般的真理と矛盾する考え方は、神が可変な意志の行使によって世界を支配しているという概念である。矛盾しない考え方は、神が不変の法則によって世界を支配しているという概念である。

神の支配についての、未発達な、そして、今の時代にもある教養を欠いた見方は、古代の神々と同じように一人の神が場当たり的に、特殊な神意によって世界を統治しているという考えである。この神は、全知全能であるとされているにも拘わらず行為の瞬間まで決心をしていない、あるいは、少なくとも最終決定をしていない。彼の意図は最後の瞬間に至るまで懇願すれば変更されるかもしれないと思われている。神の支配についてのこのような見方を、神に帰せられる先知と叡智とどのようにして調和させるかという難問には今はたちいらず、そのような見方は、事物の実際の生起する仕方について経験が教えることと相容れないという事実を確認するだけにしよう。自然現象は一般法則に従って生起する。自然現象は、一定の自然的先行事象から発生する。それゆえ、もし究極的な起点が何らかの意志であるなら、その意志は一般法則と先行事象を意志しているはずなのである。もし創造神である神が存在するなら、事象は先行する事象に依存しており、定まった諸法則に従っておこるということを神が意図しているのでなければならない。しかし、それが承認されたなら、このような法則や継起自体が神の意志に由来すると考えても科学的経験の観点から見て不合理ではない。他方、神の意志は一挙に決定されるので、決定されたシステムは、入力した後自動的に運動していくので放っておけばよい、というふうに解釈する必要もない。統括的支配力である神が個々の意志作用において自分自身が設定した一般法則を遵守しているなら、生起するすべての事象が、神の特別な意志作用によって起こると解釈することに反発する事実は科学の内部にはまったく存在しない。通常の見解では、この仮説は、宇宙が自動的に運動するようにできているという解釈よりも、神に大きな栄光を帰することになると考えられている。しかしながら、卓越した思想家（そのなかにはライプニッツも入っているが）のうちには、宇宙が自動的に運動するという考えだけが神に相応しいと主張し、常時手を添えていなければ動かないような［できの悪い］時計をつくる時計職人に神を喩えることに反対する人々もいる。しかし、そうした論点は、ここでは論じない。私たちは、崇敬の観点からではなく科学の観点から論究を進めているからである。

さて、いずれにせよ、私たちは第二の問題に移らなければならない。至上の意志によって自然が創造され支配されていることを反証するものは何もない。しかし、証明する何かはあるのであろうか。その証拠はどのような性質のもので、科学の天秤で量った場合、その証拠の価値はどれほどなのか。

有神論の証拠

創造神の証拠には、いろいろ違った種類のものがあるだけでなく、それぞれがかなり違った性格を持っているので、それらの証拠は人々のいろいろ異なるタイプの心に適合してきた。しかしそれゆえにまた、それらの証拠のすべてから等しく感銘を受けることのできる人は存在しない。よく知られている分類では、証拠はアプリオリ〈先験的〉な論証とアポステオリ〈経験的〉な論証に分けられるが、この区分は、純粋に科学的観点から見た場合、両者がまったく違う思想の流派に属することを示している。したがって、あまり物事を深く考えないで権威に基づく信条を信じている信仰者の場合、自分が育てられてきた信念を支持するもっともらしい議論ならすべて等しく歓迎するのに対して、哲学者は科学におけるアプリオリな方法とアポステオリな方法のどちらかを選んでいるので、一方の方法の宗教擁護論をとると、他の方法を多かれ少なかれ否定しないわけにはいかない。本論で私たちがしなければならないことは、まったく公平な立場から両方の議論を精査することである。しかし同時に、私はこのうちの一つの方法が本質的に科学的であり、他方は科学的でないばかりか科学によって否定されるものであると固く信じている。科学の議論は、事実と人間経験の類似性からの推理である。たとえば、地質学者が過去の地球の状態を推論する場合、あるいは天文学者が天体を観察して天体の物理的組成について結論を出すとき、彼らは事実と人間経験の類似性から推論するのである。これはアポステリオリな方法であるが、この方法の神実在論〈有神論〉への主たる応用は(いわゆる)デザイン論証である。[これに対して、]私が非科学的と呼ぶ推論様式は、外界の客観的事実を私たちの精神の観念あるいは信念から導きだす推論である。思想家によってはそれを合法的な科学的手続きと考える人もいる。観念や信念の起源に関する私の考えにはここでは触れない。というのも、たとえば神の観念が経験の印象から成長する仕方を指摘できないとしても、観念が証明できるのは観念だけであり、客観的事実ではないからである。もちろん、その事実が神的存在と直接人格的に交渉した時から伝わる伝承によっていると考えられる場合は（創世記の場合がそうであるが）話が別である。その場合には、議論はもはやアプリオリとはいえない。たとえ何らかの観念、願望、あるいは必要が精神に生まれつき備わっているとしても、それが対応する対象の実在性を証明するという解釈は、私たちが恵み深い神によって創られたのだから、この神が私たちのなかに根拠のない信念を植えつけるはずはなく、あるいは、満たす手段がないような欲求を植えつけるはずはないという信念が、私たちの精神のなかに予め存在しているのでなければ、説得力を持ちようがない。したがってこの議論は、もし、前提している信念を支持しようとする議論であるなら、明らかに論点先取の誤りを犯している。

同時に認めなければならないのは、哲学でも宗教でも、アプリオリな理論体系はすべて、ある意味では経験に基づいていると主張しているということである。なぜなら、それらは経験を超える真理に到達できる可能性を主張する反面、経験的事実を議論の出発点にしているからである（いったい、他の出発点がありうるのだろうか）。そのような理論体系は、経験が理論や研究方法について何らかの支持を与えていることが論証され限り、考察される資格を持っている。アプリオリな議論だと称している議論がある程度、アポステリオリな性格を兼ね備えている混合的な性質を持つこともあり、偽装したアポステリオリな議論だと言えることもしばしばある。主として特殊なアポステリオリな議論を使用することによって有効になっているアプリオリな論証は、真価以上のことを言おうとしているのである。

このことは、私がこれから最初に検討しようとしている、第一原因として神が必要であるという神実在論の議論に強く当てはまる。というのは、この議論は本当のところ自然現象に見られる因果関係の経験を幅広く基礎にしているのであるが、神学的哲学者たちは、この議論をこの基礎におくだけでは満足せず、因果律は理性の真理として理性自身の光〈認識能力〉によって直観的に認識されると言っているからである。

第一原因論

第一原因を論証しようとする議論は、第一原因を人間の全経験から引き出された結論として述べることを容認しており、事実、議論はその通りになっている。私たちが知っているすべての事物には原因があったし、それが存在するのはその原因による（と論じられる）。それならば、私たちが知っている万物の全体を指す呼び名である世界が、どうして、世界を存在させる原因なしで存在できるだろうか。

しかし、私たちが経験している事実は、正確に言うなら、私たちが知っているすべての事物の存在に原因があるというより、あらゆる出来事または変化に原因があるということである。自然のなかには恒常不変の要素もあり、また、変化する要素もある。変化はすべてそれ以前の変化の結果である。私たちが、たとえば、水素と酸素の結合によって水ができると言う場合のように、出来事だけでなく事物も諸原因によって産出されるというような語り方に慣れていることは事実である。しかし、その表現で考えられているのは、事物が存在し始める時、その発生が何らかの原因の結果であるということにすぎない。存在を始めるのは、事物ではなく出来事なのである。もし、事物が存在を始める原因のことを事物自体の原因と言ってもよいではないかという反論があるならば、私は、その表現自体に反対するつもりはない。しかし、事物のなかで存在し始めるものは、事物のなかにある自然界における可変的な要素、すなわち外形や特性であるが、それらは構成部分の力学的あるいは化学的連結によって決まってくるのである。他方、どの物体のなかにも、それとは別の不変の要素がある。不変の要素とは、物体を構成している特定の元素的実体とその内的特性である。これらの元素的実体がいつ存在を始めたのかは知られていない。私たちが知る限り、それらの元素的実体は始まりを持たず、したがって原因を持たない。もちろん、元素的実体自体は、生起する万物の原因であったり補助原因であったりする。それゆえ、変化するものの観察から得た一般的知識を変化しないように見えるものにまで拡大して適用することを正当化する、いかなる証拠、あるいはアナロジーも、経験は示していないのである。

そうすると、経験的事実としては、因果連関を物理世界全体に拡大することは不当であり、それを変化する現象にだけ適用することが正当だということになる。もちろん、変化する現象については例外なく原因があることが確認できる。しかし、変化する現象の原因とはどのようなものだろうか。すべての変化の原因は常に先行する変化である。原因は先行する変化でしかありえない。というのは、新しい先行事象がなければ、新しい結果はないだろうからである。もし、諸現象を存在させる諸事実の状態が常に存在していたり、無限の時間存在していたとするなら、その結果もまた常に存在しているか、ずっと昔に産出されたことになるであろう。このようにして、私たちの経験の範囲内では、結果だけではなく原因も時間のうちで開始され、それ自身がその原因を持っていたということは、因果の事実のうちのなくてはならない部分である。したがって、私たちの経験は、第一原因を支持する議論を提供するのではなく、むしろ第一原因論に逆らうように見える。私たちの知る限りでは、存在している因果の本質は、まさに第一原因と相容れないように見えるのである。

しかし、事態をもっと細かく考察し、人類が経験している因果の本質を詳しく分析する必要がある。というのも、すべての原因がある時点から存在を始め、すべての原因のうちに開始時を持たない永続的な元素があるとすれば、それ自体では何かの原因になるには不十分であるとしても、すべての因果に関与している限り、この永続的な元素を第一原因あるいは普遍的原因と呼ぶことも不当ではないかもしれないからである。さて、事実として起こっているのは、物理科学のあらゆる分野から集めた証拠から引き出される物理的研究の最終結果は、もしそれが正しいとすれば、物質世界に関するかぎり、この種の結果に私たちを導くということである。物理現象の原因を探るとき、分析された原因は一定の量の力であることが判明するが、その力は一定の配置と結びついている。そして、科学の最近の偉大な一般的成果、つまり、力の保存が私たちに教えるところによれば、結果にばらつきがあるのは部分的には力の総量によっているが、また部分的には配置関係の相違によるのである。力それ自体は、本質的に一つであり同じものである。そしてその力のなかには、本性的に一定の量があり、（理論が正しいなら）その量は増えもしなければ減りもしない。そうすると、物質界はいかに変化しても、一つの不変の要素がここにある。これが私たちの求めていたものであるようにみえる。何かに第一原因、すなわち物質界の原因の性格を帰さなければならないとしたら、まさにこれこそそれであるように見えるのである。なぜなら、すべての結果はそれに遡って追跡することができるが、私たちの経験ではそれを超えるものに遡ることはできないからであり、またこの力の変容だけが追跡可能であり、その変化についての原因は常に力自体をふくんでいるからである。すなわち、同一の量の力がそれ以前の形態において存在するのである。そうすると、経験が何らかの形で第一原因説を支持するのは、第一原因が、すべての原因のなかにある原初的で普遍的な要素としての力にほかならないという、ただ一つの意味においてであるということになる。

しかしながら、私たちはこれで問題の終着点に到達したのではない。反対に、議論の最大の山場は私たちが今到達した地点から始まるのである。というのは、精神だけが力の原因でありうると主張されるからである。あるいは、場合によっては、精神は［形而上学的実体としての］一つの力〈a Force〉であり、精神は変化を最初に発生させる唯一のものであるから、すべての力はその精神から出ている、と主張されるからである。これは、人類の経験が教えることである。無機的自然現象では、働く力はいつでも先行する力であるが、その力は創出されたものではなく転移されたものである。ある物体は、最初にそれ自体が動かされた力を他の物体に伝達することによって、他の物体を動かす。風は、それ自体、他の動因から与えられた運動の一部を波、風車、あるいは船に伝える。意志的行為においてのみ、私たちは運動の開始、あるいは創出を見る。他の原因はこの種の創出ができないように見えるから、経験は、存在するすべての運動は、この一つの原因、すなわち、人間ではないとすればもっと強力な存在の意志的動因に負っているという結論を支持する、というのである。

この議論はたいへん昔から存在する。当然、プラトンの著作にあり、『パイドン』のなかにあるのではないかと思われているが、そこではない。『パイドン』の議論は今日ではたいした意味を持っているとは考えられない。この議論は、プラトン最後の作品である『法律』のなかにある。(1) そして、それはいまだに、自然神学を形而上学的に擁護しようとする人々に気に入られている議論なのである。

さて、第一に、力の保存法則説が正しければ、つまり、存在する力の総量が一定であるとすると、このことは意志行為の領域に及んでも、真から偽に変わるということはない。意志も他の原因と同様に力を創造しない。たとえ、意志が運動を開始させることを認めたとしても、そうすることができるのは、ただすでに他の形態で存在していた力の一部を、その特殊な現象形態に変換することによってである。この力の一部が出てくる源泉は、主として、あるいはすべて、食物を構成している要素の合成と分解の過程で展開されている力によることはよく知られている。このようにして自由になった力は、基金のようなものであり、脳の思考活動やあらゆる筋肉活動、または単なる神経作用用は、それに基づく手形である。科学の最良の光にてらせば、意志作用は、このような意味においてのみ運動を開始させる原因である。したがって意志作用は、第一原因という観念には適合しない。なぜなら、どのような場合でも、力が意志作用よりも先行していると認めなければならないからである。経験からは、力自体が意志によって創造されたことを想定する、いささかの証拠も引き出すことができない。人間が経験から結論的に言えることは、永遠で創造されていないものの属性を力はすべて持っているということだけである。

しかし、これで議論が終わったわけではない。というのは、たとえ経験の最終判決が、意志が力を生み出す可能性について常に否定的であっても、他方、力が意志を生みだすことがないということが確かならば、意志は力に先行はしないが、それとともに共存している動因であると主張されるほかはないからである。そして、意志が力ではなく、力の変容を生み出すことが正しいなら、つまり、意志が力を他の現象形態から、力学的運動という形態に変化させるということが正しいなら、しかも、人間の経験の範囲では意志以外の他の動因がそのような変化を引き起こせないなら、宇宙の存在〈universe〉とは言わないまでも、宇宙の秩序〈kosmos〉を作り出しているのは意志である、という議論はまだ反駁されていないことになる。

しかし、このような主張は、事実に合わない。力の他の形態から運動を生み出す過程でまた一般に、力を潜在的状態から可視的状態に発展させる過程で、意志作用ができることは何でも、意志以外の他の原因でも出現する。化学作用をとって見ると、電気、熱、あるいは重力で落下する物体の存在、これらすべてが、経験が示すいかなる意志作用よりも遙かに巨大な規模で、力学運動の原因になる。そしてこのようにして生み出された諸々の結果のうちほとんどすべてにおいて、一つの物体から他の物体へ与えられる運動は、普通の力学作用の場合のように、最初、第三の物体によって第二の物体に運動が与えられ、その運動が第一の物体に伝えられるというのではない。その現象は、単に力学的運動の伝達ではなく、先行する潜在的な力、あるいは他の形態で現れている力から力学的運動を創出する現象である。それゆえ意志作用は、物理的宇宙のなかの一つの動因として見なされるが、創出について排他的な特権を持っていない。意志作用が創出できることは、その他の変化をもたらす動因によっても創出されるのである。もし、これらの動因は伝達する力を他のところから受けていると言われるのなら、意志作用が行使する力についても同じことが言える、と答えよう。私たちは、この力が外の源泉から、すなわち食物と空気の化学作用から来ていることを知っている。物質世界の現象を生み出している力は、あらゆる物理的動因をへて循環し、けっして終点に達することのない、しばしば、中断する流れである。私は、もちろん、意志作用が物質世界に働きかける場合に限って語っている。ここでは精神現象としての意志の自由、すなわち、意志作用が自己決定的であるか、それとも他の原因によって決定されているのかという議論の多い問題〈*vexata questio*〉には立ち入らない。当面の問題に関連するのは、意志作用の結果であって、その起源ではない。私たちに知られている限りさまざまな現象を最初に作り出す力は意志以外にないから、物理的自然は意志によって生み出されたはずである、と主張されることがある。しかし、私たちが見てきたところによれば、むしろ反対に、意志が現象に対して持っている力は、私たちが判定する手段を持つかぎりではあるが、他のもっと強力な動因も持っており、これらの動因が創出できないことは意志であっても創出することはできないのである。したがって、経験を根拠にすれば、諸現象を生み出す原因として、意志作用に他の自然的動因にない排他的な権利を付与することはできない。最も強い自由意志論者であっても、彼が主張できることは、意志作用それ自体は原因を持たず、それゆえそれだけが第一の普遍的な原因に相応しいということだけである。しかし、たとえ意志作用が原因を持たないとしたとしても、経験が示すかぎり、物質の諸特性もまた原因を持たないし、また、その物質の特性は、経験が示すことのできる範囲で不変であるから、その点でどの個別の意志作用よりも優越している。それゆえ、神実在論は、第一原因の必要性に依拠するかぎり、経験から支持されない。

経験からの論拠は欠けているが、第一原因が必要であることは直観でわかると考える人に対して、私はこの議論では彼らの前提に異論を唱える必要はないと言おう。なぜなら、これまでの議論は、第一原因が存在すること、きっと存在するはずだということを前提とした上で、意志以外の幾つかの動因も同様にその資格があることを明らかにしたにすぎないからである。ただここで一つ注意が必要なことがある。言われていることは、解明されるべき宇宙の事実の一つに精神というものがあって、精神を生み出すことのできるのは明白に精神だけであるということなのかもしれない。

精神が与えるものだと思われている特別な徴候、つまり知性が考案する仕組みがあるかどうかは、本論の別の部分で論じる。しかし、もし精神が存在すること自体が、その先行存在としてもっと大きな強力な精神を必要とするというのなら、問題は取り除かれるどころか一層深まってしまう。つまり、創造する精神は、創造された精神として、その存在の源泉としての別の精神を必要とするということになるからである。（少なくとも啓示を別にすれば、）私たち直接知っている精神は、力や物質ほどには永遠でないということを忘れないでおこう。いまの議論に関わる範囲で言えば、永遠な精神は、私たちが存在していると知っている諸々の精神を説明するための仮説にすぎない。ところで仮説の本質は、それを承認した場合に、少なくとも難問を取り除いて事実を説明できるということにある。一つの精神の起源を先行する精神に求めることは、精神を少しも説明しない。問題は未解決のままに残され、困難は減少するどころかかえって増大してしまう。

これにたいして、すべての人間精神の原因は事実のなかに探られなければならない、なぜなら私たちは、人間精神が時間内で始まったことを知っているからだ、と反論することができるだろう。いや私たちは、個々の人間精神だけではなく人類自体があるときに始まったと信ずべき大変強い証拠があることを知っている。私たちの惑星の状態はかつて動物の生活には不向きであったということ、また、人類の生命は動物よりもはるかに現在に近い時点で始まったことを示すおびただしい証拠がある。それゆえ、いずれにせよ、最初の人間精神、いや最初の有機体生命の萌芽を生じさせた原因があったという事実は直視されなければならない。永遠の精神が存在すると想定する場合には、このような難しい問題は存在しない。もし、その永遠の精神が地球上で存在しはじめた事情がわからないなら、それは原因を持たないと想定することが許されるだろうし、さらにそうした精神を存在させている原因である精神についても、原因を持たないと想定してよいのかもしれない。

しかし、このような論拠に立てば、議論は人間経験の領域に戻り、経験の判定基準に従うことになる。そうすれば私たちはまた、精神以外に精神の原因になることはできないという保証がどこにあるのか、と当然問うてよいことになる。私たちはあるものがあるものを産出することができるということ、つまり、どのような原因がどのような結果を生み出すのに十分であるかということを、経験以外から知ることはできない。精神を意識を通じて産出できるのは精神だけであるということは、言語の意味によって自明である。しかし、非意識的な産出がありえないということを先取りすべきではない。なぜなら、それこそ証明されるべき論点であるからである。経験を離れて、いわゆる理性、すなわち、いわゆる自明性に基づいて議論するなら、一般に原因はそれ自身よりも価値のある高度の種類のものを生み出すことはできないという考えになるであろう。しかし、この考え方は、自然について知られている類比の事例と合致しない。たとえば、土壌や湿地から、またそれらが持つ性質から生長する高次の植物や動物が、どれだけ高貴で貴重であるだろうか。最近の議論の傾向は、下位の存在の秩序は上位の秩序に発展し、低い生命はより複雑な高次の生命にとってかわられるということが自然の一般的法則であるという見解に傾いている。法則であるかどうかはともかく、自然のなかにはそのような性格を支持する多くの事実があるので、この議論ではそれを確認するだけでよい。

したがって、ここでこの部分の議論は停止してよいのかもしれない。議論の結果は、第一原因論はそれ自体では神実在論を確立する価値を持っていないということである。なぜなら、始まりがない存在については原因は必要ないからである。そして(形而上学の議論がどういう説明をしようと)物質と力には、私たちの経験が教える限り始まりがない。精神については同じことは言えない。この宇宙の現象や変化には、それぞれ当然、始まりがあり原因がある。しかし、その原因とはいつでも、先行する変化である。また、単に変化が起きているということから、経験の類似例から類推して系列をしっかりと遡るなら、第一の意志作用にたどり着くと考えることもできない。世界は、ただ存在するということだけで神の証拠になるわけではない。世界が神の徴候を示すとすれば、それは現象の特別な性質、すなわち、その徴候がある目的に適合しているということによってでなければならない。これについては、後で検討しよう。もし、経験の証拠がないときは直観の証拠に頼るほかはないというのなら、次のように反論できよう。もし、精神が、精神であるだけで創造されたという直観的証拠を示すというなら、創造する精神も同様に創造されたということになり、それではいぜんとして第一原因に近づいたことにはならない。しかし、精神の本性がそれ自体で創造神を示す理由を持たないなら、私たちが経験から知っているすべての精神は時間のなかで始まるから、精神はもちろん原因を持つのでなければならない。しかし、その原因が、先在する知性である必要はないのである。

人類の一般的承認に基づく論証

私は、デザインの痕跡に基づく論証が、つねに自然神学の最も有力な柱でなければならないと思っているが、これを検討する前に、科学的にはあまり考慮に値しないけれども、まっとうな議論よりも人間精神に影響力を持っている別の議論を片づけておこう。この議論が影響力を持つのは、権威に根拠をおいているからである。人類の大部分は基本的に権威によって支配されているが、それが不自然であるとは言えない。そこで引き合いに出される権威は、人類一般の権威であり、特に何人かのきわめて賢い人たちが持つ権威である。この人たちは、他の点では、通念の偏見をはっきりと打破した模範的人物であるがゆえに一層そうなのである。ソクラテス、プラトン、ベーコン、ロック、デカルト、ライプニッツがよく知られた例である。

知識と教養が不足しているので、自分には難しい問題を判定する能力がないと思っている人々に対して、一般に人類が信じていることを真と考えることで満足するように、少なくとも彼らが信じている間はそうするようにと忠告すること、あるいは過去の精神のうちで最も卓越していたと認められる人々によって信じられてきたことを真と考えるようにと忠告することは、もちろんよい忠告であるだろう。しかし、思想家にとっては、他人の意見に基づく議論は、ほとんど考慮に値しない。それは、間接的な証拠にすぎない。間接的証拠の価値は、人類や賢人のそうした確信の基礎になっている理由を調べ、その理由を再吟味したほうがよいと私たちを促す点にある。調べてみると、問題を何らかのかたちで哲学的に論じる必要があると主張する人々は、この一般的承認を、人間精神のうちに神を知る直観的知覚、あるいは本能的感覚がある証拠として取り上げている。彼らは、ある信念が一般的に存在するという理由から、その信念が私たちの生来の構造のなかに内在すると推論するのである。また彼らはそこから、この信念は真であるに違いないという結論をひきだす。この結論はもちろん基礎の危ういものであるが、直観主義哲学の一般的推論方式には合致している。しかし、神実在論に適用した場合には、この認識論は論点先取の誤りをおかしている。なぜなら、それは、人間精神は神によって創られ、その神は被造物を欺くことがないという信念だけに基づいているからである。

しかし私たちは、そもそも神の信念が一般に普及しているからといって、他の証拠から独立に、この信念が人間精神に生まれつき備わっていると推論してよいだろうか。それだと、証拠がまったく欠けており、見かけの証拠すらもないということにならないだろうか。事実のなかに根拠らしきものがまったくないために、その信念が生まれつきそなわっているという解釈でしか事態を説明できないのではないだろうか。まさか、神実在論者たちは、自然現象が設計する知性の存在を示しているように見えることとでは不十分であるばかりか説得力がないので、一般人や賢者の精神を説得できないと考えているわけではないであろう。もし、神実在論を支持する外的な証拠があるなら、たとえそれが完全な結論を導かなくとも、神実在論が真であることを、それ以外の認識の結果として考える必要はないだろう。よく引き合いに出されるソクラテス以後の卓越した人達も、彼らの見解の根拠を公に語るという場面では、その信念はどこから来たのかはわからないが、自分たちの内にあったのだとは言わなかった。彼らはその信念の由来を啓示とは言わないまでも、何らかの形而上学的議論、ないしは、デザインによる論証の基礎になる外的な証拠に求めたのである。

神が存在するという信念は、未開の種族において、そして、文明化した国民でも無知な人々に普遍的に見られるが、自然の驚嘆すべき適合の仕組みは彼らにはほとんど知られていないのだから、その印象が神存在の信念の原因になることはありえないはずだ、という反論があるかもしれない。それに対しては、文明化した国々の無知な人々は教養ある人々の意見を受け売りしているし、未開種族では、証拠が不十分であるだけ信念も不十分である、と答えよう。未開人の宗教的信念は自然神学の神信念ではなく、源泉を理解できなかったり働きを制御できなかったりする自然力のすべてに、生命、意識、意志を付与する素朴な一般現象の一様態にすぎない。そして、信じられている神々はこれらの自然力の数だけある。河や泉や木はそれぞれ、それ自身の神を持っている。原始的な無知にこのような誤りがあるのを知りながら、至高存在の手が被造物のうちにその存在の本能的な知識を植え付けていると言うのは、神に対するあまりにもまずしいほめ言葉である。未開人の宗教は、あからさまなフェティシズム〈物神崇拝〉であり、個物に生命運動や意志があると考え、祈りと犠牲によってその個物の機嫌をとろうとする。意識を持つ人間と生命を持たない物体をはっきり分ける境界線が存在しないことを思えば、このようなことが起きていても驚くにはあたらない。これらの物体と人間の中間にはさまざまな物体があり、動物のように、生命と意志を持ち人間よりも力が強いものもある。動物は人類の生活の初期の発達段階では非常に大きな役割をはたしていたから、自然界における生命を持つ部分と生命を持たない部分の境界線があいまいであっても何の不思議もない。観察が進むと、多くの外界の物体が同じ集合や集団と重要な性質を共有し、類似の状況においてまったく同じように振る舞うことが知られるようになり、ここで、目に見える物体への崇拝が、すべての集合の上に君臨する目に見えない存在への崇拝に変化する。この一般化の段階への歩みは、時間をかけてゆっくりと進行し、ためらいがちで恐怖を伴うこともある。無知な人々の場合には、経験によって特定の偶像の超自然的な力や怒りを信じるという迷妄から解かれることが、どれだけ大変であるかを、私たちは今日でも目にしている。未開人の宗教的印象が保持されているのは主として、その恐怖のためである。多少の変容はあるにしても、進んだ知識を持った人々の神実在論に取って代わるまではそうなのである。そして、進んだ知識を持った人々の神実在論は、文字通りにとるなら、それは常に合理的議論か、もしくは自然の諸現象に基づく議論の結論である。

さて、人類全体に共通でないような一種の自然的信念、つまり普遍的ではない一種の本能からで出る信念があるという仮説が持つ難点については、ここで時間を費やす必要はない。ただ、疑いもなく、特定の感覚を欠いて生まれる人がいるのと同様に、生まれつき特定の自然的能力を欠いて生まれてくる人がいることは考えられる。しかし、そういう場合には、それが本当に自然的能力なのかをもっと個別に検討すべきである。もし、人々が見えるということが、観察ではなく思弁の結果であり、彼らが明らかに視覚器官を持っておらず、他の感覚によって迂回的に思われる知覚や知識以外を持っていないとする。その場合、自分自身でも見ることができるとは思いもしなかった人々がいるという事実は、視覚理論に反対する有力な反論になるであろう。しかし、本論の目的にとって、直観主義哲学全般に関わる議論を展開することは、行き過ぎである。どんなに強硬な直観主義者でも、信念を生み出すに十分な証拠（実在のものであるか、見かけのものであるかは別として）が普遍的に存在していると認められているのに、その信念が直観的であると見なされるべきだとは言わないであろう。証拠がどこにでも存在している場合には、証拠の力に、必ず人々を信じさせるあらゆる感情や道徳の根拠が加わっている。人々が過去に関して苦悩するときの根深い問いにも、その信念は満足のいく解答を与える。未来については、希望を開く。なぜなら、恐れは希望と同様、信念の後押しをするからである。そして、比較的活発な精神が懐く希望と恐れには、いつでも、一つの権力の認識が付け加えられてきた。その権力は超自然的存在を信じることによって与えられ、人類のためであるか支配者の利己的な目的のためであるかは別として、人類の統治に役立てられてきたのである。

それゆえ、人類の一般的承認は、たとえ仮説であれ、人間精神の内在的法則のなかに、他の方法ではるかに十分に強力に説明できる事実の起源を認める根拠にはならない。

意識に基づく論証

経験から独立していると想定される、いわゆる理性の真理から、神の存在と属性を証明しようとする議論はさまざまあり、ほとんどすべての宗教的形而上学者が独自の議論を展開している。デカルトは紛れもなく直観的形而上学の創始者であるが、彼はその哲学の第一前提、すなわち明晰・判明に認識できるものは何でも必然的に真であるという有名な想定から直接この結論を引き出した。力、智恵、善性において完全な神という観念は、明晰・判明な観念である。それゆえこの原理にもとづくと、神の観念は、実在の対象を持たなければならない。もっともデカルトは、人間精神についてある考え方をすることで精神自体の客観的実在が証明されるというこの大胆な一般論を「もし観念が実存を含むなら(2)」という但し書きによって制限せざるをえなかった。さて、神の観念は、すべての完成の統合を意味し、存在するということは一つの完成であるから、神の観念は実存を含むことが証明される。この非常に単純な議論は、今日の人間を誰一人として満足させそうにない。この議論は、人間に備わっている最もよく知られた貴重な性質の一つ、すなわち、経験の材料から経験自体の与える以上の完成の観念を構成できるという性質を認めていないからである。内面的なものの見方から神の存在を引き出そうとする、もっと手の込んだ努力が、デカルトの後継者たちによってなされたが、これらも同じように成功していない。これは、神の知識を、外界の証拠によらない真理、つまり直接知覚の事実、あるいは、彼らの言い方の慣習に従えば、意識の事実としようとする努力である。この種の哲学は、クーザン(3)の思想と、クーザンの思想を反駁したウィリアム・ハミルトン卿の有名な議論(4)によってよく知られている。クーザンによれば、特定の対象を知覚するときに、私たちはいつでもそれと共に神を知覚、あるいは意識すると言うのである。これらの議論を詳細に検討するのは時間の無駄になるであろう。どちらの議論も、それぞれ別の論理的誤りをかかえているが、両者には共通の弱点がある。それは、彼自身がある対象を知覚しているとどんなに自信をもって主張したとしても、他の人にもまたその対象が見えることを確信させることができないということである。もちろん、その人が、自分には特別に神的な視覚が与えられており、この能力によって、通常では認識することのできない事物を認識できるのだというのなら話は別になるかもしれない。これまでにも、このような能力を持っていると主張する人々がいたが、他の人々はそれに対して、その能力を証明するものを示して欲しいと要求することができるだけである。しかし、そのような特別な天賦の能力が主張されるのでもなく、ただ、私たちすべての人間に預言者が見ることが見え、預言者が感じることが感じられる、いや事実、私たちはそうしているのだと言われているのである。それにもかかわらず、私たちが最大の努力をしても、私たちが知覚していると言われていることを認識できないとすれば、ここで言われている直観という普遍的能力は、「それを手に提げている人にしか見えない、精神の暗いランターン」[5]にすぎないことになる。そして、その灯火を持っている人々に対しては、心のなかの印象の存在について他の人々が無自覚であるのではなく、むしろ、あなた方自身が心中の印象の起源について錯覚をしているのではないか、と問い返すべきである。

カントは、理論的観点から、神の主観的観念から神の客観的実在を導くあらゆる議論には結論がないことをよく洞察した。彼は先験的形而上学者のうちで最も分析能力のある人であり、常に、観念の起源と構造の問題と、観念に対応する実在の問題の二つを完全に区別していた。カントによれば、神の観念は心に生まれつき備わっているが、この場合、生まれつきというのは外界から導き出されたものではなく、心自体の法則によって構成されたものという意味である。しかし、この理論理性による神の観念が、人間精神の外に対応する実在を持つかどうかは、推論のプロセスによっても証明できず、直接知覚によっても確認できない。カントにとっては、神は直接的意識の対象でも推論の帰結でもなく、必然的想定なのである。それは論理的必然性ではなく、道徳法則の現実性によって課せられる実践的必然性である。義務は意識の事実に含まれる。つまり「汝、なすべし」は、私たちの存在の奥底から出てくる命令であり、経験から引き出されるいかなる印象によっても説明されない。そして、この命令は命令者を要請するが、カントが法の存在を信じることは立法者の存在を信じることを含んでいると考えているのか、それとも端的に、意志の表現が法となるような人格の存在を最も望ましいと考えていたのかは、判然としない。もし、前者だとすれば、その議論は法〈law〉という語の二つの意味に基づいている。私たちが従う義務を感じるような規則は、通常法律と言われているものと同様に、私たちの服従を要求している。しかし、だからといって、その規則の起源が、国の法律の場合のように、精神の外にある立法者あるいは立法者集団の意志にあると考える必要はない。私たちはむしろ、単に命令の結果から生じた義務感は、道徳的な義務の意味から外れているとさえ言うことができるであろう。反対に道徳的義務が前提しているのは、それ自体の本性によって拘束力を持っていると内面的良心が証言する何かである。神は、この何か［道徳規範］に命令を上乗せすることによって、道徳的義務を守るように命令し、あるいはそれを宣言するのであって、道徳的義務を創るのではない。そこで、議論を進めるために一歩ゆずって、カントや他の形而上学者がこれまで主張してきたように、道徳感情が純粋に精神の成長の結果であり、義務意識がまったく経験や獲得された印象から独立であると認めたとしよう。それでも、この義務感は立法者である神の信念だけを義務の起源とするように促すよりも、その信念を排除する、と主張することが可能である。また事実として、神の存在を信じない多くの人々も、そうした義務意識を、理論的にも十全なかたちで認識し、実践的にも感じている。もっとも、そうした人々もおそらく、習慣的に理想概念としての神に言及することがまったくないというわけではないだろう。しかし、聡明で公明な立法者としての神の存在が、道徳感情の必要な部分ではないとしても、この道徳感情が神の存在を非常に望ましいものにすると主張することは依然として可能であり、そうであることは疑いない。だから、善男善女はその信念をしっかり保って、その信念に疑問を投げかけられるのを嫌うのである。しかし、宇宙の秩序のなかで望ましいものが何でも真である、と想定することは明らかに不当な推論である。神の存在がすでに信じられている場合でも、宇宙が最善であるとは主張しにくい。ライプニッツも、限定された意味で、善い存在によって創られた宇宙は可能な最も善い宇宙ではあるが、絶対的に最善ではないと言わなければならなかった。つまり、端的に言えば、神の力は現在の宇宙の不完全さからもっと自由であるような宇宙をつくることができるほどのものではなかったということになる。しかし、神を信じる以前に宇宙の最善を信じること、しかも、それを神の信念の根拠とすることは、思弁的な思い込みのなかでも最も奇妙なものである。とは言うものの、私の確信では、この望ましいという感情ほど、人類の一般的精神のなかに、神の信念を留めていることに役立っているものはない。この望ましいという感情は、議論の形式をまとうとき、人間精神は自分に好ましいものを信じる傾向があるということを、率直に表している。議論としての積極的な価値は、むろんない。

われわれは、神実在論を支持する先験的論証にこれ以上時間を割くのをやめて、次にこれよりもはるかに重要な論証、つまり、自然のなかに考案された仕組みらしきものが見られるという論証の検討に移ろう。

自然のなかにあるデザインの痕跡に基づく論証

私たちはここでようやく、真に科学的性格を持つ論証に到達した。この論証は、科学的テストを受け付けないのではなく、むしろ進んで、確立された帰納法の基準によって判断を受けようとする。このデザイン論証は、全面的に経験に基づく。その主張によれば、知的精神によって何らかの目的のために造られた事物には、一定の特別な［よい］性質〈Quality〉が見いだされる。自然の秩序、あるいは、その秩序のかなりの部分が、顕著にこの性質を示している。私たちは、この結果における非常な類似性から原因の類似性を推論してかまわない。創るには人間では力不足であるが、力の点を除けばあらゆる点で人間の制作物に似ている事物が存在すれば、それが人間よりも大きな力を持つ知性によって創られたに違いないと推定しても差し支えない。

私はこの論証を、最も徹底した主張者に成り代わって、できるだけ強い形で述べてみた。しかし、少し考えてみれば、この議論は一定の説得力は持っているけれども、その論証力が一般に過大に評価されすぎていることが解る。たとえば、ペイリーの懐中時計の話は、この推論を強く展開しすぎている[6]。人がまったく住んでいないようにみえる孤島で時計を見つけたなら、私は当然、誰か人間が置いていったと推論せざるをえないであろう。しかし、その推論が起こるのは、デザイン〈創造神の設計〉の痕跡に出会ったからではなく、私がすでに、一般に時計というのは人によって創られることを直接経験によって知っているからである。同じように私は、足跡や、あるいはどんなささやかなものであっても、経験が人間のものだと教えているものがあれば、そこから人間の存在を推論せざるをえない。それは、地質学者が動物の糞の化石から過去の動物の存在を推論するのと同様である。その場合、動物の糞の化石にデザインの痕跡を見なくても差し支えない。創造物のなかに見いだされるデザインの証拠は、けっして直接的帰納の水準には到達できない。突き詰めれば、それは、類比と呼ばれる劣った種類の帰納的証拠にすぎないのである。類比が帰納と一致するのは、両者とも、ある特定の二つの状況（この状況をAとBと呼ぼう）において似ていることが知られている二つのものが、他の状況（C）においても似ていると論じるところである。しかし、違うところは、帰納では、以前の多くの事例の比較から、AとBがまさしくCが依存する状況であるか、あるいは何らかの形でCが結びつく状況であると知られるということである。このような関係が確立されなければ、論証の帰結は、要するに次のようになる。知られている事例において存在している条件のどれとCが関係しているか知られない以上、その条件はAとBかもしれないし、また別の組み合わせであるかもしれない。したがって、AとBが存在していることがわかっている場合は、何も条件がわかっていない場合よりも、Cの蓋然性は大きい。この論証は、その重要性を査定することが非常に難しい。また、精密に査定することは不可能である。それは、知られているAとB、そしてCとの一致点が多く異なる点が少なければ強い主張になる。反対ならば弱い主張になる。しかし、この議論は、けっして真の帰納ほどの妥当性を持たない。自然のなかのある種の秩序と、人間によって作られたある種の秩序の類似性はかなりのものであり、単に似ているというだけでも、原因の類似性をある程度推定してよいが、この推定がどの程度の意義を持つかを語るのはむずかしい。確実に言えることは、この類似性が知性による創造の蓋然性を、類似性が少ない場合や類似性がまったくない場合よりも、はるかに高めるということにすぎない。

しかし、問題をこんなふうに語ることは、神実在論の証拠を検討する目的に必ずしも適っているとは言えない。デザイン論証は、たんに自然界にあるものと人間知性の制作物の間の類似性からのみ引き出されるのではない。世界が人間の創造物に似ていると言われるときの状況は、どんな状況でもよいのではなく、経験が知性的原因との関連を示し、一定の目的が事実意図されていることを示唆するような場合である。したがって、この論証は、単なる類推によるものではない。この論証は単なる類推としても重みを持つが、類推以上のものである。それが類推を超えるというのは、帰納法が類推を超えるという点においてである。この論証は一種の帰納法なのである。

このことは否定できないと私は考える。したがって、これからしなければならないのは、帰納法に適用できる論理的諸原理によってこの論証を検査することである。この目的のためには、論証を総括的に考察するより、最も印象的な事例である目や耳の構造について検討するのがよい。目の構造は、目的への適合を意図する精神の存在を証明するとよく言われる。この主張は、帰納法のどの種類の論証に属しているのであろうか。そして、その説得力の程度はどのくらいであろうか。

帰納法論証の種類は四つあり[7]、それらは四つの帰納的方法、すなわち、一致法、差違法、剰余法、共変法に対応している。今調べている論証は、これらの区分の最初のもの、すなわち「一致の方法」にあたる。これは、帰納法論理の研究者にはよく知られた幾つかの理由によって、四つの方法のなかで最も弱いものであるが、特殊な議論としては最も強い種類のものである。論理的にそれは次のように分析できるであろう。

目の構成部分とその部分の組み合わせの配置が相互に似ているのは、一つの明瞭な特徴を持っているからである。つまり、それら全体によって動物は見ることができる。そのような構成によって、動物は見ることができるのである。もし、その部分の一つがこれと違っていれば、多くの動物はまったく見ることができないか、今と同じ程度によく見ることはできないであろう。動物の他の部分の間にある構造と組織の一般的類似性以上のこととして、私たちが目を構成する異なった部分の間で認識できる際だった類似性は、これだけである。さて、目と呼ばれる有機体を形成する諸要素の特殊な構成は、どれをとっても開始時点を持ち、それゆえ、何らかの原因、あるいは複数の原因によって創始されたものである。その事例の数は測り知れないほど多いので、帰納論理学の諸原理によって、独立した諸原因の偶然的な重なりを排除したり、専門的に言うと、偶然を除去したりすることができない。それゆえ、私たちは帰納法の基準に従って、これらの諸要素のすべては、何らかの共通の原因によってまとめられていると結論してよい。また、これらの諸要素が、協同して視覚を生み出しているという点で、どの状況でも一致しているなら、これらの諸要素を結びつけている原因と視覚の事実とを因果法則で繋いでいる何らかの連結があるに違いない。

私はこれを一種の正当な帰納的推論であり、帰納法が神実在論に対してできることは実質的にこれだけであると思う。そうすると、論証の展開は自然と次のようになるであろう。視覚は、眼の器官の構造の組み合わせに先行するのではなく、その後に出てくる事実であるから、その器官の組み合わせとの関係は、作用因ではなく目的因の性格を持つ連結であるほかはない。すなわち、視覚それ自体ではなく、先行する視覚の観念が作用因である。しかし、このことは直ちに、その観念の起源が知的な意志から出ていることを示すものである。

しかし、遺憾ながら、この議論の後半は前半ほど論破できないものではない。創造的な先行する思考だけが唯一絶対的に、眼の驚嘆すべき機構の起源と視覚の事実を繋ぐ因果関連なのではない。最近の思想で大いに注目されている、もう一つの因果関連がある。その現実性は疑えないが、眼の場合に見られるような自然界にあるまさに驚くべき連動を充分に説明するかどうかは未だに不確定であり、今後も当分、不確定であるだろう。この因果関連とは、「最適者生存」原理のことである。

この原理は、感覚や動物的生命、あるいは植物的生命の起源までを説明しようとはしていない。しかし、複雑な適応過程もなく、見たところ目立って計画的仕組みもないように見える単一のあるいは幾つかの非常に低次の有機体生命の存在を認め、また、この単純な原型から生物があらゆる方向にわずかに変化し、その変化の方向が遺伝によって伝えられること、また、その遺伝形質のあるものは生物の生存に有利であり、他の遺伝形質が不利であると仮定するなら、有利な形質は後に残り、不利な形質は滅びるであろう。そして、このようにして原型が多くの亜種に枝分かれすることによって、緩慢ではあるが、恒常的に一般的改善がおこるであろう。原型は、さまざまな過程や存在様式をとって悠久の時間をへて、いま存在している最も発達したものに到達できるであろう。

この仮説的な自然史には、何か非常に驚くべきことがあり、一見したところありそうもないことであるように思える。それは認められなければならない。この歴史を採用すると、たとえば、どのような本性を持ったものであるかはわからないが、原初的動物には見ることができなかったと想定せざるをえなくなる。かろうじて、光がその細胞に作用するということが、視覚を準備したと考えられるにすぎない。すべての有機体において何らかの時点で起こるだろう偶然的変異の一つが、不完全な仕方で見る能力を備えた変種を生み出し、この特異な個体が遺伝によって伝えられる。他方、他の変化も別のさまざまな方向に展開されていく。不完全な視覚しか持たない種であっても、まったく目が見えない他の生物よりも有利な種が生み出され、地下の非常に特殊な場所を除いて、地上から目が見えない生物を駆逐してしまう。さらにまた新しい変異が起こり、もっとよく見る能力を持つ種を生み、ついには、人類やそのた重要な動物の目の場合のように、構造と機能の特異な結合が起こる、というのである。そこまで極論できるこの理論について、いま言えることは、これはそれほどおかしなものではない、ということである。経験のなかでこれまで発見されてきた類似の事例に照らしてみれば、この理論の信憑性は、以前に提起された他の理論よりも遙かに高い。これ以上のことが言えるかどうかは、現時点では不確定である。この理論を認めたとしても、それはけっして創造論とは矛盾しない。しかし、この理論を認めるなら、創造論を支持する証拠を大幅に縮小することになるであろう。

このように考えると興味はつきないが、この理論を支持する発見が続いていくかどうかは、今後を見守るほかはない。現在の私たちの知識の状態では、自然界における適応が、蓋然性の天秤でどちらを支持するかと言えば、知性による創造の方に大きく傾いている。しかし、これは蓋然性にすぎないことも等しく確かである。そして私たちが考察してきた自然神学の他のさまざまな議論も、結局それ以上のものではない。啓示を除いたどのような根拠に立つにせよ、自然の創造神を信じることは宇宙におけるさまざまな現れを観察することから出てきたものである。宇宙の現象が単に人間の制作物に似ているということ、あるいは、人が時計の材料に対して持つような支配力を有機体の材料にも持つときにはできるに違いないことに似ているというだけでは、類推の議論として一定の価値を持つにすぎない。しかし、この議論は、適切な帰納的考察によってかなり補強される。この考察は、自然界の構成の起源と、その構成が達成する目的との間には何らかの因果性があることを立証する。この論証は、多くの場合には弱いが、植物や動物の生命の繊細で複雑な組成に関してはかなりの力を持っている。

第二部

神の属性

神が存在するかどうかという問いを純粋に科学的に見ると、第一部で見たようになるが、次に、神が存在することを示す諸徴候があるとすると、その徴候はどのような神を指し示しているかということを考察すべきである。創造する精神について自然が示す証拠によって、その精神にどのような属性が付与されると考えられるのだろうか。

知性の点はひとまず措いて、神の力が人間の考えるよりも遥かに大きく、人間の力に勝っているに違いないことについては証明の必要はない。しかし、このことと全能全知までには、かなりの隔たりがある。そして、この区別は実際にきわめて重要である。

宇宙における設計の徴候がことごとく設計者の全能を否定する証拠になるというのは、けっして言い過ぎではない。そもそも設計とは何だろうか。目的に手段を適合させるという計画的仕組みである。しかし、計画的仕組みが必要であるということ、つまり、手段を用いる必要があるのは能力に限界があるからである。もし、言葉だけで十分に目的を達成できるとするなら誰が手段に頼ろうとするだろうか。そもそも手段という観念には、手段を用いれば直接的行為では達成できない効果を達成できるという意味が含まれている。そうでなければ手段は手段ではなく、足手まといになるだけである。人は自分の腕を動かすのに機械を使わない。もしそうするとしたら、それは、麻痺がおこり、意志によって腕を動かす力が失われたときだけであろう。しかし、考案すること自体が力の限界の徴であるとすれば、注意深くさまざまな計画的仕組みをこらし、巧みに計画的仕組みを選択することは、なお一層、力の限界を示しているのではないか。手段が、手段を使用する者の意志によって与えられた効果以上の効果を持たず、その意志が他のどのような手段にも同じ効果を付与できるのであれば、手段を選択することに叡知が示されていると言えるであろうか。叡知や計画的仕組みは困難を克服するときに示される。困難が何もない存在には叡知や計画的仕組みの余地はない。それゆえ、自然神学の証拠は、宇宙の作者が制限のなかで仕事をしたことを明白に示している。つまり、この作者は彼の意志から独立している諸条件に適応し、これらの諸条件が許容する範囲で目的を達成するほかはなかったのである。

この仮説は、私たちがすでに見た、別の観点からのもろもろの証拠の傾向とも符合する。私たちは、自然界の現象が宇宙の起源、あるいは自然の秩序を指し示していること、そして、この起源は設計であるが、そうはいっても宇宙の二つの構成要素、受動的要素と能動的要素、すなわち物質と力の開始を示すものではなく、まして創造を指し示すものではないことを発見したのであった。物質や力、あるいはその特性のどれかが「神という」存在によって作られ、その作者によって世界は私たちが目的と考えることに適合するように配置されているとか、彼がこれらの特性のどれかを変更する力を持っているなどと推定すべき理由は、自然界にはまったく存在しない。むしろ、この否定的な見解に同意した時にはじめて、宇宙の秩序は何らかの知恵や計画的仕組みを必要とするようになるのである。この仮説では、神は、予め存在している自然とその特性を素材として、それを組み立て、ようやく目的を達成しなければならなかった。これらの材料から世界を構築し、すでに与えられている物質と力の特性を共に活用し、両者を合致させて自分の目的を実現したはずである。これには、技能と計画的仕組みが必要であり、それが達成されていく手続きは、しばしば私たちの驚嘆や賞賛を引き出すに十分である。しかし、その仕事に知恵が必要であるというまさにその理由で、それは力に限界があることを意味している。あるいは、二つの表現で言われていることは同一の事実を異なる側面で表現している。

全能の創造神は、人間が使うような計画的仕組みを用いる必要はまったくなかったが、人間が彼の創造の業を発見できるように痕跡を残したのだと言われるのなら、そのような考えもまた、神の全能に対して一つの限界を想定していると答えよう。なぜなら、人間が人間の力で世界が神の作品であることを知るのが神の意志であったとすれば、全能の神は、人間がそれを意識するように意志するだけでよかったからである。利口な人たちは、神が自らの存在を疑わしいままにして、なぜ人が三十二が五になることを理解するときのように、絶対的な必然性をもって神の存在を知ることができないようにしたのか、という理由を長らく探し続けてきた。そこで想像されたさまざまな理由は、きわめて不幸な決疑論の実例である。たとえ、その決疑論の妥当性を認めたとしても、神の全能を想定する限り、それは役立たない。なぜなら、人間のうちに神の存在の完全な確信を植え付けることが神の喜ぶところでなかったにせよ、何らかの余白を残すことによって、その確信を未完成の状態にしておくこともできたはずであるからである。全能者がしようと思えばできたことをしていない聡明な理由は、私たちにはわからないという安直な解答で、この種の議論を片づけることがよくある。この言い抜け自体が、全能の一つの限界になるということが気づかれていない。もし、あることが明らかに善いことであり、またそのことが被造物のすべての証拠が含意している創造神の設計の目的であることに一致しているなら、神がなぜそうしないのか、その理由は分からないと言うとすれば、私たちが考えていることは、私たちには分からないけれど神の目的にもっと完全に適したよい対象があって、そのために実行を延期しているのだ、ということである。しかし、あることを済ませて他のことを後回しにするというのは力に限りがあるからである。全能であれば、複数の対象を両立させることができるはずである。全能であれば、二つのことを天秤にかける必要はない。もし創造神が、人間が支配者である場合に似て、自分が作っていない諸条件に自分を適合させなければならなかったのなら、神の仕事の不完全さの説明を神に求めるのは、非哲学的で僭越である。あるいは、設計の徴候に証明能力があると仮定しての話だが、神が意図したはずのことに反する徴候が残っていると不平を述べるのは、非哲学的で僭越である。神は少なくとも私たちよりも多くを知っているはずであり、もし神がこの一つの欠陥を取り去る決断をしたら、それとひきかえに、どれだけの善が犠牲にされなければならないのか、あるいはどれだけ大きな悪が引き起こされることになるのかを私たちは知らない。しかし、神が全能であれば、この状況はおかしい。もし実情がそうならば、神は二つの望ましいことが両立できないように自ら意志したのでなくてはならない。神は、ここで想定されている計画への障害を自ら克服できないものするように意志したのでなくてはならない。そうであれば、想定されている神の計画は、実は神の計画ではありえない。ここで想定された計画は神の計画であるが、神はそれと抵触する別の計画を持っていたのだ、と言ってみても無駄である。というのは、可能性の諸条件によって制約されない［万能の］神のような存在にとっては、ある目的が他の目的の必然的限界になることはないからである。

それゆえ、自然神学の根拠に基づいて創造神に全能という属性を付与することはできない。宇宙の諸事実から引き出される自然宗教の基本原理は、神の全能を否定している。ただ他方、自然宗教の基本原理は、全知という属性を、同じようには排除しない。力の限界の想定は、完全な知識と絶対的叡知の想定と矛盾しないからである。ただ、この完全な知識と絶対的叡知を証明するものは何もない。宇宙の秩序を設計し運営するためには、事物の力と特性について知っている必要があるが、その神の知識が、人間の知識を遥かに凌駕していることは間違いない。それは、創造に要する力が人間の力をはるかに凌いでいるのと同様である。その技能、精緻な計画的仕組み、人間の仕事の場合には発明の才とでもいうべきことであるが、それは、しばしば、驚嘆すべきものである。しかし、その知識や技能が無限であると推定しなければならない理由はない。計画的仕組みがいつも最善のものであると想定しなければならないというのでもない。私たちが、人間の職人の仕事を判定するように、その計画的仕組みを判定すれば、多くの欠陥が見えてくるだろう。たとえば人間の身体は、自然が提供している最も精巧で見事な計画的仕組みであるが、このような複雑な機械がもっと長持ちするようにできなかったものか、頻繁に故障をおこさないようにはできなかったか、と当然問うことができる。人類のごく一部が、知性と善性と幸福の点で、いま私たちが享受しているきわめて不完全な状態に到達するまでに、なぜかくも長大な時間、悲惨で程度の低い状態のなかで地を這うような生活を送らねばならなかったのか、と問うことができる。神の力はそれ以上のことができなかったのかもしれない。事物を改善することへの障害を克服できなかったのかもしれない。しかし、克服できたという可能性もある。デミウルゴスの技能は、今日私たちが見る世界を作り出すのに十分であったが、私たちは、この技能が使用する材料と力と両立する完全の限界まで到達したのかどうかは解らない。自然神学の根拠に立っている以上、私たちは、創造神がすべての未来を見通しているとか、自分の計画的仕組みから発生するすべての効果を前もって知っているとかいう見解で満足することはとうていできない。先のこと見通すとか万事を計算する力がなくとも、大きな叡知はありうるであろう。人間の工作を見てわかることは、職人は、工作をしている事物の特性を知ることによって一定の結果を産み出すのに適した組み合わせを作ることができる。しかし、彼は、別の種類の行為者が、彼が作った機械の働きを変更したり台無しにすることについてはまったく予知する力を持たないであろう。もしかしたら、人間は、無機物に対して持つのと同じ程度、材料と関係する諸力に対して支配力を持つなら、有機体生命が依拠している自然法則について現在の人類が他の自然法則について持っている程度の些かの知識を持つだけでも、自然界の有機体生命と同様に生存条件に適った生物を作ることができるかもしれないのである。

さて、私たちは議論を自然宗教に限定しているのだから、全能ではない創造神でも満足しなければならない。すると次の問題は、創造神の力の限界とはどのような性質のものかということである。創造神の支配力を停止させる障害、「ここまでは進んでよい、しかし、それ以上はいけない」と創造神に向かって言うものは、他の知的な存在の支配力なのか、それとも、宇宙の素材が足りなかったり素材が抵抗するためであるのか、あるいは、宇宙の秩序の作者は賢明で知識があるが、すべての点で賢明であったり、すべてをお見通しであったりするのではなく、問題を取り巻く諸条件下で可能な最善を必ずしも行わない、という仮説で私たちは満足するほかはないのであろうか。

この最初の解釈は、ごく最近まで、そして今なお多くの場所で、キリスト教についてもよく言われる通説である。創造神に全能を付与し、しかもある意味で本気でそうしているにもかかわらず、この伝統的宗教は、創造神は、自分とは反対の性格と幾分劣ってはいるものの強い力を持つ存在、すなわち悪魔の意志がたえず彼の目的に反して働くことを、何らかの測りがたい理由で許していると考えている。この点に関するかぎり、通俗のキリスト教とオルムズドとアーリマンの宗教との差はわずかである。その違いは、キリスト教では善なる創造神が悪魔をつくり、いつでも悪魔とその悪行と奸計を砕き滅ぼすことができるにも拘わらず、実際にはそうしていないと解釈して、［この神に］たちの悪い追従をしていることだけである。しかし、すでに指摘したように、どんな形態の多神論も一般法則によって支配される宇宙と折り合いをつけることはできない。この考えもその多神論の一つである。法則に従っていることとは安定した支配を示すしるしであり、いつまでも続く抗争のしるしではない。もし、複数の支配力が世界の支配を巡って抗争するなら、相互の境界は固定せず絶えず変動する。あたかも、私たちの地球上で善と悪の力の境界が動いていて、私たちはただその結果を見守るしかないかのようである。しかし、私たちの心中の動因に目を向けるなら、善いことも悪いことも同じ自然の運動としておこるということ、つまり、印象を起源とする同じ一般法則によって起こることが解る。――同じ心理過程が、あるときには善になり、またある時には悪になる。むしろ、両方が結びついていることとの方が多い。善と悪との力の区別は、変化するように見えて実際には規則的である。人間界の権力者の場合について言えば、相互の力関係はそれ以前の申し合わせによって予め決定されていたはずだとためらわずに言うべきである。そのような前提で考えれば、敵対する力相互の総合的結果は、単独の作者が分裂した目的を持つ場合とほとんど同じになるであろう。

しかし、どのような仮説が考えられ、どの仮説が知られている事実と矛盾しないかではなく、自然宗教の証拠が示唆する［正しい］解釈とは何かと問うなら、議論の方向はちがってくる。計画性を示す徴候は、強く一つの方向を指し示す。すなわち、そうした徴候を示す生命体は、生命体を存続させるように構成されているのである。生存させる動因もあれば、破壊する動因もある。私たちは破壊する力の起源を別の創造神に帰したくなる。しかし、ある生物の破壊が他の生物の生存手段になる場合を除いて、破壊の手段に込み入った計画的仕組みがあるようには見えない。また、存続させる動因をある神的存在から出たものとし、破壊する動因を他の神的存在から出たものと考えることもできない。破壊する動因は存続させる動因の欠くことのできない部分である。生命を存続させる化学結合は、平行して起こる一連の解体プロセスがなければ起こらない。生物の場合でも無生物の場合でも崩壊の最大動因は酸素であるが、酸素によらなければ、生命はたった一分の短い時間でも存続できない。いろいろな現象が目的を示しているように見えるが、その目的の達成が不完全であるということは、その不完全性が意図されたものではないことを窺わせる。その不完全さは注意不足によって起きた事故の意図しない結果のようであり、あるいは、善い目的を実現する動因になっているものの何かの量が些か多すぎたり少なすぎたりしたための結果のようであり、あるいはまた、永久に動くようには作られていない機械が老朽化した結果のようでもある。こうした現象は、意図した目的に関して制作者に設計ミスがあったか、そうでなければ、制作者が制御できない外的な力が働いていることを示唆する。しかし、その外的な力は他の対抗関係にある知性によって行使され意図されている力の徴候をまったく示していない。

したがって私たちは、自然神学に基づく限り、創造神の目的と見えるものを部分的に損なっている障害について、それが知性や人格であると考える根拠はまったくないと結論してよい。むしろ、創造神の力の限界は、材料の性質にある――つまり、創造神の目的達成がより完全になされるような組立てを受け付けない物体や力によって宇宙が構成されていることに原因があるか、あるいは、やり方次第で目的はもっと十分に達成できるのに、創造神がその方法を知らないためか、つまり、創造の技能は十分驚嘆すべきものであったが、目的を一層徹底的に完遂するほどには技能が完全ではなかったことに原因があるように見える。

次に、創造のなかに示されている限りでの、神の道徳的属性を考えよう。あるいは(問題を最も広い形で言うなら)自然の作者の目的について自然は何を示唆するかという点を考えてみよう。この問題は、創造神の全能を認める必要があるという思想を捨てきれない自然神学の教師たちに対して示されるものとは異なる面を私たちに示している。私たちは、このような世界を創造した創造神について、無限の慈愛〈benevolence〉と正義ということと無限の力ということを両立させようとする必要はない。それは不可能である。そういう企てをすれば、知的な観点で絶対的な矛盾に逢着するだけでなく、道徳的に異常な状態を陰険な仕方で擁護し、胸が悪くなるような光景を過度に示すことになる。

この点については、私の「自然論」(9)の実例だけで十分であると思う。ここでの私たちの議論では、いまのところ、その種の道徳的問題は出てきていない。さて、私たちにはその性質も程度もまったくわからないが、創造の力が何らかの自然の諸条件によって制限されており、同時に、創造神の善性と正義がほとんどの信仰者が信じる通りであったとしよう。そして、この善性と正義という道徳的属性と矛盾することが創造されたもののなかにあるとすれば、それはすべて、その諸条件のせいであり、創造神は悪を選択するほかなかったと考えておこう。

しかし、結論が既知の事実と整合するかという問題と、その結論を証明する証拠があるかという問題は別である。実際に作られた作品によるほか計画性を判定する手段はないのであれば、作品が結果として実現したものと違う性質のものとして計画されていたと想定するのはかなり危険な思弁である。このように地盤は盤石とは言えないが、注意して先に進もう。自然のなかのある部分は他の部分よりも計画的仕組みの徴候を示している。多くの部分はその徴候を全く示さないといっても過言ではない。計画的仕組みの徴候は、植物や動物の構造やプロセスのなかに最も明瞭に現れている。しかし、もし植物や動物がなかったなら、人類のうちの考え深い人たちには、自然現象が神の証拠を提出しているとは思えなかったのかもしれない。しかし、もし、生命体の器官の組み合わせから神が推論されるなら、自然の他の部分、たとえば太陽系の構成といったものも、多かれ少なかれ、その信念を支持する証拠を提出するように見える。そうすると、自然界に何らかの計画があるとすれば、計画性が最も明瞭に現れている部分を精査することによって、私たちはこの計画性が何であったのかを明らかにできるという見通しを持ってよいことになる。

それでは、自然観察者たちが驚嘆している動物や植物の組成のうまくできた機能は、いったい何の目的のために役立っているのであろうか。それらが主に、その構造を生かし一定の期間働ける状態にしておくという以上の目的がなさそうだ、という事実に目をつむることはできない。一定の期間とは、個体にとっては数年、種や類にとってはもっと長いが、それでも限られた期間である。そして無機的自然において認められる同種の比較的目立たない創造の徴候も一般に同じ性格である。たとえば、太陽系には相互適応関係が現れており、その適応性によって部分が相互に安定性を破壊せずに維持される条件ができあがっている。しかし、それも一定の期間のことである。この期間は、生物のつかの間の存在時間に比べればずっと長大であるが、私たちでも限界があるとわかる。なぜなら、私たちが持っている過去を探索するための弱い手段でも、最新の知見によって過去を探索する人たちによれば、太陽系がかつては雲あるいは気体からなる巨大な球体であったが、今後は、長い時代の過程をへて極地よりも冷たい一つのそれほど大きくない固体の塊になるという証拠が見いだされる。太陽系の仕組みが一定の期間に限って働くように調整されているとすれば、その仕組みを生物が住む環境として調整することはそれよりもずっと不完全である。なぜなら太陽系が生物に適しているのは、太陽系全体の寿命からみれば部分的な僅かな期間にすぎないからである。それは、惑星が熱すぎる時と、冷たくなりすぎた時の間であり、その条件下でのみ生物が生存できることを私たちは経験から知っている。あるいは逆の言い方をして、生命の身体の仕組みは、太陽系の存続期間の比較的短い間だけ、太陽系の条件に適応していると言うべきであろう。

したがって、自然のなかに徴候のある計画性の大部分は、たとえ、その機械的働きがどれだけ素晴らしいものであっても、何ら道徳的属性の証拠にはならない。なぜなら、その機械的仕組みが果たしている目的、そして、その仕組みが目的に適っているということ自体が何らかの目的に向かっていることの証拠になるような目的は、けっして道徳的なものではないからである。そのような目的は、どの感覚を持つ生物にとってもよいものではない。［その場合の］目的は、生物であっても無生物であっても造られたものが、制限付きで一定の期間存続できることにすぎないのである。創造神の性格について、そこから引き出せることは、せいぜい、創造神は作品を制作直後に滅亡させたくないということだけである。創造神は作品がしばらくのあいだ寿命を持つことを意志しているのである。このことだけからは、創造神が生物や理性的生物に対して何を思っているかは適切には推定できない。

単に機械の運動を維持することを目的にしているように見える多くの巧妙な仕組みを取り去ると、残るのは、一定の外的状況が生物に快楽を与え、別の一定の条件が苦痛を与えるという事実だけである。これらを生物やその種を保存する計画的仕組みに入れるべきでないという積極的な理由はない。なぜなら、快楽も苦痛も［生命体を］保存させる傾向を持つからである。快楽は一般に生命個体や集団を、それを維持するものに向けて引きつける傾向を持ち、苦痛は破壊するものを遠ざける傾向を持つのである。

これらのすべてのことを勘案すると、創造神の［存在を示す］さまざまな証拠を、［創造神の］慈愛の証拠として扱う以前に、その証拠から非常に多くのものを取り去らなければならないことは明白である。取り去られる部分があまりにも多いので、人によっては考慮すべき証拠は何も残らないと考えるかもしれない。しかし、党派心や偏見を取り去って願望が判断に影響を与えることがないようにして問題を考察しようとするなら、計画性の存在を認めるとき、創造神は生物の快楽を望んでいるという証拠が優勢になる。これは、何らかの種類の快楽がほとんどすべてのことに随伴することによって示される。身体や心の機能を発揮するだけでも、快楽の汲みつくせない源泉になり、苦しいことも好奇心を満足させ知識を獲得する快感があれば快楽になる。また、快楽の経験は、生体の機構が正常に動いている結果出てくるように見えるのに対して、苦痛は何かが外からその運行を妨げる場合に生じるのであって、具体的な事例では事故の結果生じる苦痛に似通っている。苦痛が快楽同様に、機構それ自体から生じる場合でも、その仕組が意図的に苦痛を産み出すように活動しているようには見えない。示唆されているのは、むしろ、他の目的のために使用されている計画的仕組みが、うまくいっていないということである。この機構が苦痛を感じるようになっている責任は、明らかに作者にある。しかし、これは快楽を感じるための必要条件かもしれない。この解釈は、全能の創造神という理論には役に立たないが、曲げられない諸法則と物質の破壊できない諸性質によって制限を受けて制作する技師の場合には大いにありうる仮説である。故障発生が計画のなかに入っていなかったとすれば、苦痛自体も普通であれば計画されていなかったように見える。生物がぶつかることを意図していない外からの力に遭遇するのは偶然の結果であり、多くの場合には生物は衝突しないように保護されている。それゆえ、快楽が創造神にとって好まれるらしいのに対して、苦痛はそれほど好まれていないように見える。そこで、自然神学の論拠にのみ基づいて、慈愛が創造神の属性の一つであることを推論することは、ある程度、正当化される。しかし、このことから創造神の唯一の目的、ないし主たる目的が慈愛であると推論したり、創造神の単一の目的は生物の幸福であると推論することは、それを正当化する証拠がないばかりか、私たちが得ている証拠に反する結論を導く。感覚を持つ生物を創造する際の神の動機が、自分が作った存在の幸福であるなら、過去のすべての時代、すべての国々、すべての民族を考慮すると、少なくとも我々が住む宇宙の一角では彼の目的は屈辱的失敗であったと宣言されてしかるべきである。そしてもし、神が私たちの幸福や他の生物の幸福以外の目的を持たないなら、神が生物をこれほど失敗だらけの見込みしかない存在にしたとは信じがたいのである。もし人間が、自分自身と外的な環境を改善するエネルギーを持ち、自分自身に対して、そして他の生物に対して神が最初に行った以上のことをすることができるのなら、人間を存在に呼びだした存在［である神］は、彼の手腕に対する感謝ではない別の評価をうけてしかるべきである。もちろん、自分自身と世界を改良できるというまさにその能力が神によって人間に与えられているという事実と、それを用いて人間が存在の仕方を変えることができるのならば、地質時代の全体の人生の労苦と浪費は、最終的にはそれと引き替えにしてもよい代償であったことになるであろう、と言うこともできないわけではない。そうかもしれない。しかし、神が人類にこうした祝福をもっと残酷でない代償で与えることはできなかったと考えているなら、神について非常に風変わりな解釈をしていることになるであろう。それは、第一に神は、ボスジェスマン(10)やアンダマン島住民(11)、あるいは、もっと低い程度の生物しか創造できなかったが、しかし、ボスジェスマンやアンダマン島住民に、ニュートンやフェヌロン(12)に向かって成長する能力を付与したという意味になる。たしかに私たちは神の全能を制限している障害の本質について知らない。だが、その障害があるために、神はほとんど動物状態の存在に、長い努力の結果、ある状態を造り出す能力をあたえることができたが、神自身は他の手段でその状態を作り出すことができないというのである。これは、非常に奇妙な考えである。

神の慈愛について自然宗教が示すことは、以上である。ある種の哲学者たちが慈愛と区別している他の属性、たとえば正義を探そうとしても、私たちには何の情報もない。神の正義を示す証拠は自然のなかにはまったく見あたらない。私たちの倫理的意見によって認識されるようないかなる正義の基準も見いだされないのである。自然の一般構造のなかには、正義の影は見あたらない。そして、人間社会で達成された正義は不完全であっても（たとえ、未だ最も不完全なものであっても）その正義は人間自身が作ったものである。人間は、途方もなく大きな自然の障害を克服して文明をつくり、自分に対する第二の自然をつくった。この第二の自然は、創造された時の自然よりずっと利己的でない。しかし、この点については、先の論文「自然論」で十分に論じた。

したがって、神の属性の問題に対して自然神学が提供する最終的成果の正味は、次の通りである。偉大ではあるけれども、その能力には限界があるような存在があり、何がどうしてその限界になっているのかは推測できない。その存在は、偉大なそしてひょっとしたら無限の知性を持つかもしれないが、また逆に、その知性は彼の力の場合よりももっと限られたものであることも考えられる。彼は生物の幸福を望み、ある程度配慮はするものの、彼の行為には心に掛けているもっと別の動機があるようにみえる。つまり、彼が生物の幸福という目的だけで宇宙を創造したとは到底考えられない。自然宗教が指し示している神はそのような存在である。これよりも魅力的な神の観念は、人間の願望が作り出したものであるか、真実のあるいは空想上の啓示の教えから出たものである。

次に、自然の光が、魂の不死と来世に関して何らかの証拠を示しているかどうかを検討しよう。

第三部

霊魂の不死

［霊魂の］不死の徴候は、二つに区別して考えることができる。第一の区分に属するのは、創造神とその意図に関する理論から独立したものであり、第二の区分に属するのは、不死という主題についての先行する信念に依存するものである。

第一の種類の議論としては、さまざまな時代の思想家がかなり多様な議論を展開してきた。プラトンの『パイドン』に出てくる議論が代表的事例である。しかし、この種の議論はたいして追随者がいないから、ここで真面目に反駁する必要はないであろう。そうした議論は、一般に、人間の思考の本性は身体と区別され身体から切り離されていると考える理論と、死についてすでに考えられている理論を前提としている。たとえば、死あるいは分解は、常に部分相互の分離であるが、霊魂は部分を持たず、単純で不可分であるから、そのような分離を経験しないといった理論である。興味深いことに、『パイドン』に登場する対話者の一人は、この種の議論に対して今日の反対者が提出するような応答を先取りしている。[13] つまり、思考と意識とは、心の中では身体から区別されるが、実体的には身体から区別されないかもしれない。思考や意識は、身体の結果にすぎないのかもしれない。それと身体との関係は、(プラトンの説明を使うと)音楽と楽器の関係に似ている。もしそうならば、霊魂は身体と一緒に死ぬことはないことを証明するために使われた議論は、音楽は楽器が壊れてもなくならず、生き延びて独立して存在するということも証明するであろう。ところが、霊魂の不死の証拠に異議をとなえる現代の論者は、一般に霊魂を自立的〈*per se*〉な実体としては考えず、それを、感情、思考、推論、信念、意志といった諸属性の束に付けられた名称にすぎないと見ている。彼らの考えでは、これらの諸属性は、身体器官の結果である。それゆえ、バラの花がなくなった後、バラの花の色や香りが残ることが不合理であると同じように、器官が崩壊したとき、霊魂が存在し続けると考えるのは不合理である。それゆえ、霊魂の不死を霊魂自体の本性から導こうとする人たちが最初に証明しなければならないのは、問われている属性が身体の属性ではなく身体とは別の実体の属性であるということになる。さて、この論点についての科学の判定はどうであろうか。どちらであるか、決定的なことはまったく言えない。第一に、科学は経験的に、何らかの様式の生物が感情や思考を生み出す能力があることを証明しないからである。この証明を成功させるためには、生物を作り出し、それが感覚を持つかどうかを検査することが必要だが、私たちにはそれができない。生物は人間の持つ手段では作り出すことができない。生物は、すでに存在している生物から発達するだけである。他方、すべての思考と感情は何らかの身体器官の作用がそれに先行するか、同伴しなければ起こらないことは、ほとんど完璧に証明されている。すなわち、神経と脳の機構の複雑さの程度の違いが、心的能力の発達程度に対応する。そして、証拠としては、脳の諸機能が停止したときに心的意識が永久に停止するという消極的証拠しかないのであるが、私たちは、脳の病気が心的機能を乱し、脳の崩壊や弱さが心的機能を弱めることは十分に知っている。それゆえ、脳の働きが、少なくとも現在の状態での私たちの存在では、精神の働きの原因とは言わないまでも、必要不可欠な条件である十分な証拠を私たちは持っていると言える。ある人たちが思いこんでいるように、精神を独立した実体と考え、身体から切り離せば束縛から自由になり、自由を取り戻すことにはならないであろう。精神を身体から切り離せば、何か別の条件が付加され、再び活動状態へ呼び戻すことがない限りは、ただ精神の機能が停止し無意識に帰るだけであろう。しかし、そのような付加的条件があることを、経験はほとんど示していない。

　同時に、これらの考察は結局、証拠の欠陥を示しているということを言っておくことが重要である。これらの考察は不死を否定する積極的論証を提出していない。私たちは、経験的哲学の結論に対して先験的価値を付与しないように注意しなければならない。あらゆる先験的思考の根は、私たちの心中にある事物についての観念相互の観念連合を外界の事物に転用する傾向にある。そして、経験によって信念を制限しようと真摯に努め、正直にそうしていると思っている思想家たちも、必ずしも、この誤りに十分に注意していない。奇蹟は不可能であるということを理性の真理であると見なしている思想家たちがいる。そして同じように、生命現象と意識が、経験の本道によって物質的器官の活動と心のなかで結びついているがゆえに、生命現象や意識といった現象が他の条件下で存在できるということを想像することはそれ自体でばかばかしいことだと考える思想家たちがいる。しかし、彼らは、一つの事実が他の事実と普遍的に共存していることが、一つの事実を他の事実の部分にするわけではないし、他の事実と同じものであることを意味しないということを思い起こすべきである。思考と物質的脳の関係は形而上学的必然ではなく、単に、観察できる範囲で、常に共存している関係である。また、連合心理学の原則に基づいて根底から分析するなら、頭脳も他の心的機能も、物質それ自体と変わらず、現実に得られる感覚、あるいは可能なものとして推論できる人間の感覚の束に他ならない。つまり、もし、脳が骨で覆われておらず、私たちの感覚あるいは［観察の］道具の感度が十分高ければ、解剖学者が頭蓋骨を開けたとき受け取る感覚の束であり、脳が活動しているとき、その分子や他の運動から私たちが受け取ると想定できる印象である。経験が私たちに与える意識の事例では、どのような意識状態も、このような感覚の集合を伴っている。しかし、この意識の一連の状態が、感覚を伴わない場合を想定することは、それを伴う場合と同様に、容易である。したがって、両者がこのように分離される可能性を否定する理由は事物の本性には見いだされない。私たちは、この場所で持っているのと同じ思想、感情、意志そして感覚までも、宇宙の他の場所で他の条件下で存在しうるということを想定してよいのである。この仮定を認めるのに、思惟実体についての形而上学的問題に悩む必要はない。実体とは属性の持続を表す一般名であるにすぎないのであって、一連の思考が記憶によって連結されていれば、それが思惟実体である。このように、私たちの意識が、ただいつも同伴しているということだけで結合している一連の諸条件から、思考の上で絶対的に区別され、表象の上で分離できるということは、実際的観点で言えば、旧い二つの実体の区別、すなわち物質と精神の区別と等価である。

したがって科学においては、霊魂の不滅に反対する証拠はない。あるのは霊魂の不滅を支持する証拠がないという消極的な証拠だけである。しかも、この消極的証拠も、通常の消極的証拠ほど強くない。たとえば、魔術の場合、それがいままで存在したかどうかの検査に耐える確証が存在しないという事実が、魔術が存在しないことを示す最も積極的な証拠であり、それが結論である。というのは魔術が存在するということは、この地上に事実存在するということだからである。この地上では、もし魔術が存在するのなら、事実の証拠によってそれを証明することができるであろう。しかし、死後の霊魂の存在についてはそうはいかない。霊魂が地上に留まっておらず、目に見えるように徘徊し生活上の出来事に干渉しないことは、魔術の存在を否定する証拠と同じ重みで証明できる。しかし、霊魂が他の場所に存在しないということを確証するものは、絶対にない。非常に弱い見込みがあるとすれば、それは、霊魂がこの惑星上から消滅するということだけである。

自然界の他の対象のすべてを分析することによって、思考し意識する原理［である霊魂］が不死であることを否定する非常に強い見込みが付加されると考える人がいるかもしれない。自然界のすべてのものは滅びる。最も美しく、最も完全なものは、最も滅びやすいと、哲学者も詩人も異口同音に嘆く。この上もなく精妙な姿の色鮮やかな花が、根から成長し、数週間あるいは数ヶ月のうちに完成に達しても僅か数時間あるいは数日しかもたない。人間の場合は、なぜ、違っていなければならないのであろう。本当になぜそうなのであろう。また、なぜ違っていてはならないのであろう。感情と思考は、単に私たちが無機物と呼ぶものと違っているだけではなく、その対極にある存在である。したがって、相互に類比的な推論をすることは、ほとんどあるいはまったく有効ではない。感情と思考は何よりもリアルである。それらは、私たちが実在していることを直接知っている唯一のものである。他のものはすべて、この感情と思考が、現在の状態あるいは他の状態において依存する未知の条件にすぎない。感覚を持つ存在［である人間や動物］の感情から離れたすべてのものは、仮説的で非実体的な存在である。それは私たちの感覚を説明する仮説にすぎず、それ自体を私たちは知覚せず意識していない。意識しているのは、その仮説的で非実体的な存在から私たちが受け取ると言われている感覚だけである。実際には、その存在は感覚の期待、あるいは、ある感覚が与えられるときに別の感覚が与えられるだろうという確信があったとき、その期待や確信に対してつけられた名前にすぎない。この場合、感覚が起こる可能性は偶然で、遅かれ早かれ他の可能性に変わるのだから、このことが意味しているのは、感覚が起こる可能性が終わったときには、私たちの感情の一連のつながりそれ自体が分解するということではないのだろうか。そのように考えることは一つの種類の実体的実在から別の種類の実体的実在を推論することではなく、他の何者かとの関係がなければ実在性を持つことのできないものから推論して、実体的実在性しか持たないものに適用できるような結論を引き出している、ということにすぎないであろう。精神（あるいは、連続する感覚についての意識の意味するものを何と呼ぼうと）は、一つの哲学的観点では、私たちが何らかの明証性を持てる唯一の実在である。そして、精神と他の実在の間には類比は認められず、比較はできない。なぜなら、精神と比較できる他の知られた実在がないからである。精神が滅びるものであるということは、精神がユニークであるという事態と矛盾するものではない。しかし、精神が滅びるものかそうでないかという問題は、人間の知識や経験のどの結果によっても左右されないこと〈*res integra*〉である。この事例は、どちらの側でも、実際に証拠がまったくないという珍しいケースの一つなのであり、肯定する証拠がないということは、通常のケースだと、否定を支持する強い想定になるのだが、この場合はそうではない。

人間［霊魂］の不死の信念は、人類の精神に一般的に存在するが、おそらく、自然学的あるいは形而上学的な科学的議論には基づいておらず、多くの人々の精神にとっては、もっと強い基礎に基づいている。すなわち、一方でそれは、生存を放棄することとの不快（このことは、少なくとも生存が快楽であった人々にあてはまる）に、そして他方では、人類の一般的伝統に基づいている。この二つの誘因、つまり自分自身の願望と他人の一般的承認に従う信念を持つ自然の傾向は、この場合、公的なそして私的な教育力の著しい行使によって強化される。あらゆる時代の支配者と教師が、利己的な、あるいは公的な動機から、自分たちの指導の効果を強めるために、死後の生があるという信念を全力を上げて奨励したのである。この来世での快楽と苦痛は、現世での快楽と苦痛よりも大きく、私たちが生きている間、目に見えない諸権力の名において行うようにと命じられたことを、行ったか行わなかったかに懸かっている。信念の原因としては、これらのさまざまな事情が非常に強い力を持っている。信念の合理的根拠としては、それらの事情は、考慮されるべき重みを持たない。

ある見解がいわゆる心を慰める本質を持っていることが、つまり、それが真であると信じることによって得られる快楽が、それを信じる根拠になりうるということは、それ自体非合理的な教義であり、この教義は、歴史に記録されている有害な幻想の半分を容認し、あるいは個人生活を誤りに導いた。いま検討している事例では、この教義がときどき疑似科学の言語で包まれている場合がある。不死の願望は私たちの本能の一つであり、およそ本能というのは、それを満たすに適した対応する実在の対象を持っている、と主張される。空腹があれば、どこかに食べ物があり、性欲があれば、どこかに異性がいる。愛があれば、どこかに愛されるものがある、等々である。それならば、永遠の生命への本能的欲望があれば、永遠の生命があるに違いない、というわけである。これに対する答えは一見して明らかである。本能について込み入った考察に入る必要はないし、問われている欲望が本能の一つであるかないかといったことを議論する必要もない。本能があるところ、その本能が要求するものがあるということを仮に認めたとして、それが無際限に存在するとか、人間の無限の欲望を満たすだけ存在するといえるのであろうか。永遠の生命への欲望と言われているものは、実は単に生きたいという欲望である。そして、この欲望が求めているものは存在しないのではないだろうか。生命は、［欲望の外には］存在していないのではないか。それが本能であることを認めたとしても、この本能は生命を所有し保持することによって、満たされるのであろうか。生きたいという欲望が、私たち一人ひとりに永遠の生命が実在することを保証すると想定することは、食物の欲望があれば、私たち一人ひとりが全生涯、食べることのできる食物をいつでも持つことを保証すると考え、私たちの人生が望むだけ長く続くと考えることに似ている。

伝統に基づく、あるいは人類の一般信念に基づく論証は、もし、それを私たち自身の信念の導きとして受け入れるつもりなら、全体として受け入れる必要がある。そうすると、人類の霊魂は死後も存続するばかりでなく、生者に対して霊として現れるということになる。というのは、私たちはこのうち一方の信念だけを持つ人々を知らないからである。実際、前者の信念が後者の信念から発生したことも考えられる。原始の人々は、死後、霊が彼らを訪れるということを想像しなかったなら、霊魂が身体と一緒には死なないなどとは、けっして考えなかったかもしれない。このような想像ほど自然なものはなかったであろう。この想像は、現象としては、夢で完全に実現していたが、ホメーロスなどの時代には夢に霊が実際に現われると考えられていた。夢以外のものとしては、白日夢だけでなく、いくら根拠がなくても視覚や聴覚の幻覚がある。あるいは、これらの感覚の誤った解釈がある。視覚や聴覚はヒントを提供するだけであり、そこから想像力が絵全体を描き出し現実性を与える。これらの幻覚は、現代の基準で判断されるべきではない。昔は、想像力と知覚を明快に区別することはできなかった。自然の実際の運行について私たちが今日持っている知識はほとんど知られていなかった。この知識のおかげで、私たちは、法則に合わない現象を不審に思って信じない。昔の人々は自然の限界と自然に合致することやしないことについて無知であったので、物理的考察が及ぶ範囲で、他と比較して蓋然性が低いものがあるとは思わなかったのである。それゆえ、私たちが十分な理由をもっていているように、身体から離れた霊が実際に現れるという説話や伝説をしりぞけることによって、私たちは、死後の生命について人類が持っている一般的信念のなかから、蓋然性の点で主たる根拠となり支柱となっているものを取り去り、教養のない時代の通念では真理の証拠になっていたものから、価値を根こそぎ剥奪しているのである。もし、もはや未開でなく、過去にまとわりついていた迷信を脱却した時代でも長らくこの信念が維持されてきたというのなら、同じことは未開の時代の多くのことについても言えるのであり、特に、最も重要で興味深い主題について言うことができる。なぜなら、このような主題をめぐってこそ、いずれにせよ支配的な意見が、この世に生まれたすべての者に、きわめて周到に教え込まれるからである。さらに、この特殊な意見は概して支持を受けてきたが、反対意見の人、特に教養ある人々で反対意見である人たちの数は絶えず増大してきた。最後に、魂の不死というこの信念を持つ人々の精神も、私たちが推測できるように、その信念の根拠を他人の信念に置くのではなく論証と証拠に置いている。したがって、この論証と証拠を評定し判断することが、私たちにとって重要である。

神の存在、あるいは何らかの神の属性についての信念を前提にしないで、来世の生命を支持する論証の典型としては、これまで述べてきたことで十分である。残された課題は、これらの大きな問題に対して、自然神学が与える知識〈光〉、あるいは推測根拠によって、どのような論証が出てくるかということを考察することである。

私たちは、その知識〈光〉が非常に弱いものでしかないということを見てきた。創造神の存在については、自然神学は［神が存在する］確率が優勢であること以上を示さない。神の慈愛については、優勢の度合いはもっと低い。しかし、神が生物の快楽を配慮していると考えるべき理由はいくらかある。しかし、神が配慮していることは快楽だけではない。あるいは、他の目的が快楽よりも優先することがしばしばあることを妨げない。神の知性は宇宙に見られる計画的仕組みにとっては十分であるが、それ以上のものである必要はない。しかし、自然神学の唯一の実在的証拠は、神の知性が有限であり、［自然界にある］仕組みは困難を克服するための様式であり、常に克服すべき困難を予想しているということを証明する方向に傾いている。

私たちはここで、これらの前提から来世の生命を支持するいかなる推論が正当に引き出されるかを考察しなければならない。明白な啓示がなければ、そのような推論はまったく引き出されないように私には思われる。

通常なされている議論は、神は善性に基づいている。つまり、神は自分の最も尊い豊かな作品が、その短い命の大部分を心的能力の獲得のために費やした後、実を結ばないうちに滅びることを命じるはずがない。特に、私たちのうちに永遠の生命への本能的欲望を植え付けた上で、それを完全に失望におわるように宿命づけるようなことをするはずがない、と言うのである。

これは、世界を全能で慈愛に満ちた存在の作品であると考えることにまったく矛盾がないような構造を持った世界であれば通用する議論であろう。しかし、私たちが生きている世界で通用する議論ではない。神の慈愛は完全であるかもしれないが、神の力は私たちには解らない限界に従っているので、神が与えるはずであったと私たちが確信しているものを与えることができたか解らない。できたかもしれないというのは（つまり）、他のもっと重要なことを犠牲にしないでも与えることができたという意味である。神の慈愛にしても、どれだけ正当に推論しても、神の目的の全体であるとは解釈できない。そして、他の諸目的が、神が慈愛を行使することによってどれだけ妨害されるか、私たちは知ることができないのだから、永遠の生命を与えることができるとしても、神がそうする気になるかどうかは分からない。神が願望を与えるだけでそれを満足させることがないということはありえないという解釈に対しても、同じ応答ができる。力の限界あるいは諸目的の衝突のために神が採用せざるをえない枠組みによって、神は私たちに願望を持つだけで満たされない状態にあることを求めているのかもしれない。しかし、神の世界統治に関して一つのことは確かである。神は私たちが望むことをすべて叶えることはできないし、そうしようともしないということである。私たちは生きたいと思い、神はいくらかの命を与える。私たち（あるいは、私たちのうちのある人々）が限りなく続く生命を望み、それが叶えられないとしても、それは神の通常の世界支配の様式の例外なのではない。多くの人が、クロイソス[14]や皇帝アウグストス[15]のようになりたいと思うが、その願望は、週に一ポンドの給料や労働組合の職員の地位といった慎ましい程度しか、満たされることがない。それゆえ、自然宗教を根拠にすると、死後の生命については何の保証もない。しかし、将来の状態を可能性として希望することが自分の満足や利益になると感じる人にとっては、その希望を持つことを妨げるものは何もない。目に見える事象は、私たちに対して大きな力を持つ存在があることを指し示しており――その力は、宇宙の創造、あるいは少なくとも生物によって含意されているが――その存在の善性については、それがいつも優先される属性ではないという証拠がある。そして、彼の支配力や善性の限界を私たちは知らないのであるから、その将来の状態が私たちにとって有益であるなら、支配力と善性が拡大して、私たちにそれを与えるという希望を持つ余地はある。そのような希望を許す同じ根拠から、もし死後の生命があるなら、それは少なくとも現在の生命と同じくらいよいものであり、現在の生命の最上の特性、すなわち私たち自身の努力によって改善できるという特性を欠いたものではないということを期待してよい。死後の生命を賞罰の状態と考える通俗の観念ほど、確率のかたちで査定される事実に真っ向から対立する観念はない。過去と現在の生と同様に死後の生活においても、私たちの行為の結果が私たちの性格と感受性を作るのである。死後の生活があるかどうかの可能性がどうであれ、死後の生活があった場合に起こりうることは、その転換の前に私たちに与えられた生と私たちが自分に対して行ったことと変わらない。私たちは、その同じ姿で後の生命に入っていくのである。したがって、死の事実は私たちの精神生活の突然の中断ではない。また、死は私たちの性格に影響を与えるとき、私たちの存在様式における重要な変化が常に性格を変容させるときに予想されるのと違った仕方で影響するわけではない。私たちの思考原理はそれ自身の法則を持つが、その法則は現世では不変である。そして、現在の生命から引き出された類推では、同じ法則が続くであろうと想定せざるをえない。神が選民の仲間に加えようとしている人を、死の時点で奇跡によって完成させると想像することは、本物であると実証された明瞭な啓示によって正当化されるかもしれないが、自然が示す事実〈light of Nature〉から引き出されたどの想定ともまったく相容れないのである。

第四部

啓　示

神実在論の証拠をめぐる本論のこれまでの議論は、自然が示す事実〈light of Nature〉から引き出される証拠に厳密に限定されてきた。至高の存在との直接的意志疎通が確立されることによって、これらの証拠に何が付け加わるか、それらの証拠から獲得された結論がどの程度補強され、修正されるかということは難しい問題である。キリスト教徒の積極的証拠、あるいは天からの啓示であるという他の信念を考慮することは、本論の目的をはみ出すことになろう。しかし、特定の体系でなく啓示一般に当てはまるような一般的考察をすることはできるかもしれない。そして、むしろ、ここまで続けてきた研究の結果に、十分な実践的意味を与えるために必要である。

第一に、私たちが自然界に発見できた創造神の存在と属性についての徴候は、神の存在についてすら、きわめて希薄なものであって敬虔な精神が考えるほど決定的でない。また、神の属性に至っては、情報はさらに不十分である。それでも、他の仕方では持てない一つの立脚点を啓示の想定に与えるには十分である。啓示と言われているものは、その主張を基礎から構築する必要はない。啓示は啓示が由来する神が存在するということを証明しなくてもすむのである。啓示は、多かれ少なかれ、実存と力、そしてある程度まで、知恵と善性が自然現象によって示されている存在〈神〉から出た伝言であると主張している。その伝言とみられているものの送り主は、単にでっち上げられたものではない。伝言それ自体からは独立して、神の実在を信じる根拠がある。その諸々の根拠は、伝言が本当に神から出ているという想定を証明するには不十分であるが、その想定はありえないと決めてかかることを排除するには十分である。さらに、神の属性について自然神学が提出する証拠が不完全であるという事実自体が、啓示を信じる障害の主要なものの幾つかを取り除く。このことを銘記することは、啓示の目的に役立つ。なぜなら、啓示それ自体の不完全性を根拠にした啓示否定論は、啓示を無限の力と無限の知恵と善性を兼ね備えた存在「である神」の行為の記録、あるいは知恵の現れとして考えた場合には、決定的であるように見えるけれども、自然の運行が指し示している神から出たものであることを否定する議論ではないからである。自然の運行が指し示している神の知恵はおそらく限られているし、またその力は確かに限られている。そしてその善性は、実際にあるけれども、神を創造の仕事に駆り立てる唯一の動機ではなかったように見える。バトラーの『宗教類比論』の議論は、それ自身の視点から見れば正しい。キリスト教が道徳的あるいは知的に批判にさらされるとすれば、その批判は少なくとも理神論に同じように当てはまる。そして、福音書の道徳は、自然の秩序に示された道徳よりも高次でよりよいものである。世界についてのキリスト教理論のなかで道徳的に反論すべきことがあるとすれば、それは全能の神という教義と一緒になったときだけである。（少なくとも最も教養あるキリスト教徒の理解では、）これは、神の道徳的不正を意味するものではない。神の力は知られてはいないが実在の障害によって限定されており、この障害によって意図をすべて実現することが妨げられているからである。バトラーの大きな誤りは、制限された力という仮説を認めることに尻込みしたことである。したがって、バトラーの議論は結局、次のことに帰着する。つまり、キリスト教徒の信念は全能の創造神を信じる理神論者の信念よりも不合理であるわけでも、不道徳的であるわけでもないのだから、不合理と不道徳があるにしても両方信じよう、ということである。彼はむしろ、次のように言うべきであった。信念を切りつめて、不合理あるいは不道徳を含まないもの、知的に矛盾がなく道徳的にゆがみがないものだけを信じるようにしよう、と。

ともあれ、本題に戻ろう。神は世界を創造したが、その際、他の考慮すべきことによってどれだけ制限されているにせよ、感覚を持った生物の幸福を配慮したという仮説に基づけば、生物の善への配慮が続いていくということを、最初からありえないと決めてかかることはできない。神は、一度、あるいはもっと頻繁に、生物が自分の心的能力だけで発見できることを超えて、神自身についての何らかの知識を伝え、生物が困難な生活を乗り切っていくように導く有用な知識や方策を伝えることによって、その継続的配慮を証明するかもしれない。ただ一つの合理的に擁護できる仮説、つまり、有限な力という仮説に立てば、この神の助力がもっと大きなものであるべきであったとか、他の仕方であるべきであったというような不満を持つことはできない。真偽を問うべきただ一つの問いは、私たちが避けることのできない問い、すなわち、証拠の問題である。神の啓示を確証するに十分な何らかの証拠があるであろうか。その証拠はどのような性質であり、どのくらいの量でなければならないのか。キリスト教独特の証拠、あるいは他の啓示と言われているものの証拠が、この基準を満たすかどうかは別の問題なので、ここで直接議論するつもりはない。私が考察したいと思っているのは、どのような証拠が必要で、その証拠がどのような一般的条件を満たさなければならないのか、そして、知られている事物の構造に従って、それが満たされる性質のものであるか、ということである。

啓示の証拠は通常、外的証拠と内的証拠に分けられる。外的証拠とは、感覚あるいは証言の示す結果である。内的証拠ということで考えられているのは、啓示［の内容］自体が神が起源になっていることを示していると考えられる現象である。規則が卓越しているとか、諸状況や人間本性の必要に一般的によく適合しているといった徴候がそれである。

こうした内的証拠を考察することは非常に重要であるが、しかし、その重要性は主として否定的なものである。内的証拠は啓示を退ける決定的な根拠になりうるが、他方、それ自身は、起源が神であることを確証できない。もし、啓示と言われているものの道徳的性格が邪悪であったなら、その起源がどうであれ、私たちはそれを拒絶すべきである。というのは、それは善で賢明である存在から出てくるはずはないからである。しかし、道徳が卓越しているからといって起源が超自然的なものであるとは限らない。なぜなら、人間の心的機能が認識でき、卓越性を理解できる道徳説が、人間の心的機能によって発見されないと信じる決定的な理由はないからである。それゆえ、啓示は外的証拠によらなければ確証できない。つまり超自然的事実を示すことによってしか確証できない。そこで私たちは、超自然的事実を確証することが可能かどうか、そしてもし可能ならば、それを証明するためにどのような証拠が必要であるかを考察しなければならない。

私が知る限り、この問題を懐疑的側面においてまともに提起したのはヒュームだけである。それは彼の有名な奇跡否定論(16)に含まれている疑問である。その議論は、この問題を深く掘り下げているが、ヒュームに反論しようとしている人たちは、その厳密な範囲と効果を一般にまったく誤解している。(この偉大な思想家自身も、もしかしたら完全な正確さでは理解していなかったかもしれない。)たとえば、キャンベル博士は、ヒュームの論敵のなかで最も鋭い人物であったが、奇跡の信憑性を支持するために、突き詰めれば、言明がもし十分に真であると証明されるなら、以前にありえないと思われたことも、その言明を退ける十分な根拠にはならないというような極論を展開することが自分の責務であるかのように考えた(17)。キャンベル博士の誤りは「ありえない〈improbability〉」という言葉の二重の意味を見逃している点にある。この二重の意味ついては、私が『論理学体系(18)』や、それよりも前にはベンサムの『法廷証拠の原理』の編者注(19)のなかで指摘しておいた通りである。

問題をいちばん最初から見てみよう。もし超自然的な事実が実際に起こったとしても、起こったという証明は人間の心的能力には接近不可能であると主張することができないのは明らかである。私たちの感覚の証拠は、他の事柄と同じようにこの事実も証明できるであろう。極端な例になるが、私が実際に神を見て、神の声を聞くと想定しよう。神は人間のような姿をしているかもしれないし、私がまったく知らなかったような姿をしているかもしれない。いずれにせよその神が、世界が存在することを命じる。すると、神の命じるとおり新しい世界が実際に存在しはじめ、空間のなかで運動を始める。この証拠が、世界の創造を思弁から経験の事実に変えることは疑いない。たった一回そう見えたからといって、幻覚でないとどうして言えるのかと反論されるかもしれない。それはそうである。しかし、自然界の研究で解明されてきた疑いの余地のない驚くべき事実についても、最初は同じような疑いがあったのである。感覚が欺かれているという可能性はあり、それに対処しなければならないが、いくつかの方法がある。同じ実験を繰り返して、再び同じ結果を得るなら、また、観察したとき、感覚の印象が他のあらゆる点において通常と変わらず、この時だけ病的な状態であったという想定ができないなら、そして特に、他の人々の感覚が私たち自身の証言を裏書きするなら、私たちは自分の感覚を信用してよいと合理的に結論できる。実際、感覚だけを信用すべきである。私たちは、推論の究極的前提を求めるときにも感覚に頼る。その前提の選択をくつがえすには、不注意な観察から十分慎重な注意をはらった上の観察に移行すること以外にない。ある見解が依拠する証拠が、私たちの生活の全行為と安全の基礎と同じものであるなら、私たちはそれ以上問わない。すべての証拠に等しくあてはまるような反論は、どの証拠に対しても有効でない。そうした反論は、抽象的な誤謬可能性を証明しているだけなのである。

しかし、奇跡の証拠は、少なくとも現代のプロテスタントのキリスト教徒にとって、感覚の証拠のように、人を承伏させる性質のものではない。奇跡の証拠は、私たちの感覚ではなく、［他人の］証言の証拠だからである。しかも、その証言は直接聞いたものではなく、書物や伝承の語ることに依存している。そして最初の目撃証言の場合でも、言われている証言に基づいて主張されている超自然的事実は、上の典型で想定したような超越的性格を持っていない。つまり、本性や自然的起源ではありえないということについて、まったく疑いの余地のないような性格のものではない。むしろ逆に記録されている奇跡は、第一に、事実として検証することがきわめて難しいようなものであり、第二に、人間的手段や自然の突発的な動きによって起こった可能性を超えていないのである。奇跡の信憑性を反駁するヒュームの議論が向けられているのはこの種の場合である。

ヒュームの議論は、次の通りである。奇跡の証拠は証言からなる。証言を信頼する根拠は、ある条件が整っているなら、証言は一般的に真実を語っているという私たちの経験である。しかし、最良の条件下でも証言はしばしば意図的に、あるいは意図なくしても、偽りであるということを同じく経験が教えている。それゆえ、証言されている事実について、証言の誤りが経験と合わない確率よりも、証言された事実が実際に起こることが経験と合わない確率の方が高いときには、私たちはその証言を信じるべきではない。そして、この規則は、すべての思慮ある人々が実生活で従っている規則である。従わない人は、きっと軽信のためにひどい目にあうであろう。

さて（ヒュームの議論の続きを追うと）、奇跡は最高度に経験と矛盾する。というのは、経験と矛盾しなければ、それは奇跡ではないだろうからである。奇跡であると見なされる理由は、まさに自然法則の侵害である。つまり、自然事象の継起に関して、他の場合には不変で侵害できない斉一性の侵犯である。それゆえ、奇跡については、およそ何かを信じないために経験が与えることのできる最強の理由があるのである。しかし、証言の虚言癖や錯覚は、どれだけ数が多くまことしやかなものであっても日常的経験の枠内のことである。それゆえ、奇跡よりも虚言や錯覚の可能性を選ぶべきである。

この議論には二つの明らかな弱点がある。一つは、引き合いに出されている経験の証拠が否定的な証拠だけだということである。それは肯定的証拠ほど真偽を決定する力を持たない。なぜなら、いままでに経験されたことのない事実が発見され、肯定的な経験によって真理であると確証されることはよくあるからである。もう一つの弱点と見えるのは次の点である。この議論は、奇跡に反対する経験の証拠が不動で疑いの余地のないものであると見なしているようである。もし、問題がすべて将来の奇跡の蓋然性に関わるもので、過去に起きた奇跡の蓋然性についてでないなら、たしかにそうであろう。ところが、相手が主張していることは、まさに、過去に奇跡が起こったということなのであり、経験の証拠がすべて否定的な側にあるのではないのである。奇跡を支持していると言われているすべての証拠が、奇跡は信じるべきでないという主張の根拠を反駁する反対証拠として考慮されるべきである。証拠を両天秤にかけることによってのみ問題が公正に立てられる。奇跡を支持する一定量の肯定的証拠と、奇跡に反対する人間経験の一般的過程から出る否定的見込みとの双方をである。

この二重の校訂をへてヒュームの議論を支持するためには、新しい驚嘆すべき事実がおこる見込みに対して、奇跡に反対する否定的見込みが圧倒的に強いということが示されなければならない。しかし、事実、明らかに奇跡に反対する否定的見込みが圧倒的に強いのである。十分に確立されている自然法則を破ることによって成り立つような新しい物理的発見も、以前には知られていなかった別の法則の発見にすぎない。この発見には、私たちの経験で知られていること以外のことがあるわけではない。私たちはすべての自然法則を知っているわけではないことに気がつき、自然法則の一つが他の法則とぶつかることに気づいたということにすぎない。実態が知られたなら、新現象も依然として法則に依存していることがわかる。つまり、同じ状況が繰り返されたなら、いつでも正確に再現できる。それゆえ、その現象が起こることは経験自体が示す経験の変動の限界内のことである。しかし、奇跡はまさに奇跡であるという事実によって一つの自然法則の他の法則による差し止めではなく、すべての法則を包括する法則の差し止めであると主張される。法則は経験が示すとおりすべての現象に対して普遍的である。言い換えればすべての現象は何らかの法則に依存している。すべての現象は、先行する現象が同じであればいつでも同じであり、原因である現象がなければ起こることもないし、すべての現象的条件が揃っているのに起こらないこともない。

このような奇跡否定論は、科学の進歩が最近の段階に達するまで、ほとんど採用されなかったように見える。数世代前は、諸現象が不変の法則に普遍的に依存していることを人類一般は認識していなかった。それればかりか、教養ある人々もそれを科学的に確立された真理として見てはいなかったのである。振る舞いがきわめて不規則で、知られた先行現象に依存していないように見える多くの現象があった。そして、もちろん、最も身近な諸現象が規則的に起こるということは、いつでも認識されていたが、絶えず生起してくる例外は、その段階ではまだ一般規則と調和させられていなかった。昔から天体は規則的で不変の秩序の典型であったが、天体のなかにも彗星のように法則なしに出現するように見える現象があった。また日蝕や月蝕は、法則を破って起こるようにみえた現象の例である。彗星や日蝕・月蝕は長い間、奇跡的性質を持つと見なされ、人間の運命を知らせる徴候や予兆であると考えられてきた。当時は、この解釈が論理的にありえないことを証明することは誰に対しても不可能であったろう。［奇跡であるという］その解釈は、未知の法則があるという仮説よりも見える現象に合致するように思われたのである。

しかし、科学が進歩した今日では、議論の余地のない証拠によってすべての現象が法則に従っていることが証明された。その法則が正確には認識されていない場合でも、発見が遅れているのは、探求されていることが特別に難しいということで十分に説明がつく。奇跡の擁護者もこの変化した状況に対処して議論を修正し、奇跡は必ずしも法則の侵犯ではないと主張している。奇跡は私たちにはわからない隠れた法則を満たす仕方で起こっていると彼らは言う。

その発言が、神が自分自身の法則に介入し停止させるように力を行使するとき、何らかの行為の一般原則あるいは規則によって振る舞うというだけの意味なら、それはもちろん反証できないし、それ自体は最もありうる想定である。しかし、日常の自然事象が法則の成就であるというのと同じ意味で奇跡がある法則の成就であるという意味なら、その議論は、法則の意味と奇跡を構成する本質について不完全な考え方をしていることを示しているように思われる。

私たちが、通常の物理的事象は常に何らかの不変の法則に従って起こると言うとき、その意味は、継起や共存の一定の型によって、一連の先行する物理的現象と連結されているということである。その組み合わせが厳密に再現されるなら、他の物理的先行現象についての同種の法則によって妨げられないかぎり、同じ現象が起こる。そして、それが起こるときにはいつでも、一定の先行現象の組み合わせ（あるいは複数の組み合わせがある場合はその一つ）が存在していたことが発見される。ところが、そのような仕方で起こることは奇跡ではない。奇跡になるためには、その現象は手段を使用することなく直接の意志作用によって産み出されなければならない。あるいは、少なくとも単に繰り返すだけでその現象を産み出すような手段を使っていてはならない。奇跡として成立するためには、現象はそれを再現するに十分な先行する現象条件が無いのに、起こるのでなければならない。あるいは、それを産み出す先行条件があっても、将来起こる事例でも障害になり妨害になると予想できるような現象が先行していないのに、差し止められたり妨害されたりするのでなくてはならない。奇跡を見極める基準は、再来するならいつでも事象が再現されるような、外的条件、第二原因と呼んでよいような原因が存在していたかという点である。もし存在していたのなら、その現象は奇跡ではない。もし存在していなかったのならそれは奇跡である。その場合は、現象は法則に合致していない。それは、法則なしに、法則を侵害して産み出された事象である。

奇跡は必ずしも第二原因の介在を排除しないという反論があるかもしれない。奇跡によって雷雨を起こすことが神の意志であったなら、神は風と雲を手段としてそうするかもしれない。もちろんそうかもしれない。その風と雲は神の助力なしに雷雨をつくり出すのに十分であるか、そうでないかである。もし十分でないなら、雷雨は法則の成就ではなく法則の侵犯である。もし十分であれば、奇跡はあったとしても、その雷雨が奇跡なのではない。奇跡は風と雨が生み出されたということである。あるいは、因果連鎖のどの部分でもよいが、物理的先行事象なしに起こることが奇跡である。奇跡だと言われる事象が物理的影響なしに起こるのではなく、自然的手段で産み出され、その手段は他の手段によって作られ、そのようにして事物の発端から次々に作られてきたのなら、つまり、その事象が神の行為であると言っても、創造時に運動を始めた諸力の結果として神がそれを予見し命じたということにすぎないのなら奇跡は存在しない。また神の摂理の通常の働きと何ら変わるところはない。

別の実例を出そう。ある人が神に任命されたと称して、病人を治療している。見たところ、外的な治療法としてはたいしたことをしているわけではない。この治療法を神から特別に任命されていない人が実践して、治療の効果があがるであろうか。もし治療の効果があがるなら、それは奇跡ではない。もしこの人では治療の効果がでないなら奇跡があるのであり、法則は侵犯されたのである。

しかし、反論が出るであろう。もしそうしたことが法則の侵犯だというのなら、人間の意志行為によって何らかの外的結果が現れるときはいつでも法則が侵犯されたことになる。人間の意志作用は、自然法則を破ることによってではなく自然法則を使用することによっていつも自然現象を改変している。なぜ、神の意志が同じことをしてはいけないのか。現象に対する意志作用の支配力はそれ自体一つの法則であり、しかも、最も早くから知られ認められた自然法則の一つである。もちろん、人間の意志の直接的支配力は筋肉に対するだけで、対象一般に対しては間接的に力を行使する。しかし、神は単に一つのものだけでなく自ら創った万物に対して直接的支配力を持つ。それゆえ、神の行為によって事象が産み出され、妨げられ修正されると解釈しても、人間の行為によって事象が産み出され、妨げられ修正されると解釈する場合と同様に、法則の侵害にあたると考える必要はない。両者ともに自然の過程のなかにあり、両者とも私たちが知っている万物の法による支配ということと矛盾しない、と主張されるのである。

このように論じる人は、たいてい自由意志を信じており、人間の意志作用がそれぞれ新しい因果の連鎖を開始し、意志自身はその因果連鎖の最初の輪であり、先行する事実と不変の関係で結ばれてはいないと主張する。それゆえ、たとえ神の介入が過去に根を持たない新しい最初の原因を導入することによって事象間の結合の連鎖を破ることになったとしても、連鎖を破ることが、神の介入を信じない理由にはならない。なぜなら、人間の意志作用はすべて同じことをしているからである。もし、一方が法則の侵犯ならば、他方もそうである。実際は、法則の支配は意志作用の創始活動までには及ばない、というのである。

この自由意志論に反対し、意志作用も普遍的因果法則の例外ではないと考える人々は、意志作用は、因果連鎖への介入ではなく、その連鎖の継続であり、原因と結果の連結は、動機と行為の間でも、物理的先行事象と物理的結果の結合の間でも同じ性格である、と答えることができる。しかし、この見解が真であっても偽であっても、実際には議論の帰趨を左右しない。というのは人間の意志の自然過程への介入は、法則のなかに動機と意志作用の関係を含めるなら、そもそも法則の例外ではないからである。そして、同じ理由で神の意志も例外ではない。神のどの行為も動機によって決定されると考えるほかはないからである。

それゆえ、語られている［人間の意志行為と神の意志行為の］類比は、成立する。しかし、その類比が証明するのは、最初から私が主張してきたことにすぎない。――つまり、自然への神の介入は、人間の介入について私たちが得る証拠と同じ種類の証拠があるとき初めて証明されるのである。先行条件の非蓋然性の問題が発生するのは、神の介入が知覚の直接証拠によって確かめられず、いつでも推論の対象であり、多かれ少なかれ思弁的推論の事柄だからである。少し考えてみればわかるが、このような状況で、推論が真でない可能性が強いのは、推論の前提に関する疑惑があるからである。

人間の意志が介入して身体運動以外の何らかの物理的現象をつくり出そうとするとき、意志は手段を用いてそうする。物理的特性によって効果をあげるに十分な手段を用いるほかはない。神の介入は、仮定上、これとは違う仕方で行われる。神の介入は、手段を用いずに結果を出す。あるいは、それ自体では効果をあげるには不十分な手段を用いる。人間の場合だと、最初の身体運動以外のすべての物理現象は自然の因果律に厳密に従う。他方、最初の運動については、実際に観察すれば、それを産み出した原因に行き当たる。神の場合だと、物理的因果関係をまったく通らないで事象が産み出されると考えられているが、事象を何らかの意志作用と結びつける証拠は存在しない。その事象の原因を意志作用に帰する根拠はもっぱら消極的である。その事象の存在を説明する方法がほかには見あたらないということだからである。

しかし、この単なる思弁的な説明でよければ、いつでも別の仮説が可能である。すなわち、その事象は、見かけではわからない仕方で、物理的諸原因によって産み出されたのかもしれない。それは未知の物理的性質を持った法則のせいかもしれないし、知られている法則に従ってその事象を産み出すために必要な条件で知られていない条件があるせいかもしれない。奇跡だと思われている事象が人間の不確かな証言を媒介にせず、端的に私たちの感覚の直接的証拠に基づくという場合を想定してみよう。そういう場合でも、人間の意志が身体の運動を生み出すときに私たちが持つような直接の証拠が、神の意志作用によって産み出される場合にはない以上、したがってまた、その事象の奇跡的性格が、物理的自然法則によってそれを十分に説明できないということから出た推論にすぎない以上、その現象を説明するのに自然的起源を仮定する方が、超自然的起源を仮定するより優先される資格がある。健全な判断の最もふつうの原理に従うなら、私たちが経験するすべての原因が確かに欠けているということでない限り、ある結果について私たちが絶対的に経験できない原因を想定することはできない。さて、科学の助けを借りた観察がまだ解明していない法則に基づくか、個別の事例で存在が疑えない事実に基づくという理由で、私たちの知識では説明できない物理的事実は頻繁に経験される。したがって現代の私たちは、不思議な話を聞くと、それが本当に神や悪霊の仕業によって起こったとは信じず、何らかの未知の自然法則の結果であるか、あるいは隠れた事実の結果であると常に考える。正当に奇跡と呼ばれるものの場合のように、素晴らしい事象がある人の意志によっているように見えるときにも、この二つの解釈は排除されない。奇跡を行う人が意識的にまたは無意識的に学習した、何らかの気づかれない自然法則が働いている可能性はいつでもある。あるいは、(曲芸師の本当に見事な芸の場合のように)通常の法則を私たちに知覚されないようなかたちで利用することによって、驚嘆すべきことが行われる可能性はいつでもある。それが、意図的な欺きである必要は必ずしもない。あるいは、最後に、その事象は意志作用とはまったく関係がないかもしれず、事象と意志作用の一致は、狡知や偶然の結果かもしれない。奇跡を行う人がすでに起き始めていることを意志によって生み出したかのように見せたり思わせたりしたのかもしれない。たとえば、天文学で知られていた日食が起こるときに、あたかも自分の命令でそうしたかのように見せるのである。このような場合、奇跡はそれを繰り返してみろと要求することで判定できるであろう。しかし、記録にある奇跡はめったに、あるいはまったく、このようなテストを受けていないということは特記に値する。奇跡を起こす人で、死者を復活させることを恒常的に実践した人はいないように見える。死者の復活やその他の奇跡的な業の最も明らかな徴は、たった一回あるいは少ない孤立した事例で行われたと伝えられている。その事例は、巧妙に選ばれた事例であるか、あるいは、偶然によるものかもしれない。要するに、奇跡と呼ばれているもののすべてが自然的原因によるという想定を排除することはできない。そして、その想定が可能である間は、科学的な観察者も実践的判断力を持つ通常の人も、真実であると想定するいかなる理由もない原因を推量で想定しようとは思わない。そうした原因がなくても十分に説明できているものを、さらに説明する必要があるというのであれば、話は別であるが。

ここで立ち止まってよいのであれば、奇跡の反対論は完全であるように見える。しかし、さらに検討してみると、これまでの考察からは、ある現象が奇跡によって生み出されるという理論を直ちに退けるべきであるという結論は、絶対的に出てこないことがわかるであろう。結論として言えることは、ある人間によって行使されたと言われる自然に対する異常な力は神から与えられた奇跡の力の証拠ではないということである。その人にとっては、超自然的神の存在とその神の人間界への干渉はすでに真の原因ではない。神の存在は奇跡によっては証明されない。なぜなら、神が前もって認識されていないなら、奇跡と見えることは常に、存在だけが証拠として考えられているような神の介入という仮説よりも、もっと蓋然性の高い仮説によって説明することができるからである。ヒュームの議論はそこまでは正しい。しかし、現存の自然秩序を創造し、創造したがゆえに修正する力も持っていると考えられる神の存在が事実として受け入れられ、あるいは独立した証拠に基づく蓋然性として受け入れられている場合には、ヒュームの議論が同じように正しいとは言えない。いったん神を認めるなら、神の直接的意志作用によって、いずれにせよ神の創造の意志に起源を持つ結果が生み出されることは、もはや事実を説明する純粋に自由選択ができる仮説ではなく、重たい可能性として考慮されなければならない。そのとき、問題は性格を変える。いまや、判断は、神の宇宙支配の仕方について知られていること、あるいは合理的に推定できることに基づかなければならない。そのとき、その［奇跡と呼ばれる」出来事が、通常の神の支配を遂行している諸動因によってもたらされたという仮説と、これらの通常の動因を差し押さえて神の意志が特別に異常な仕方で介入した結果であるという仮説のどちらが、蓋然性が高いと考えられるようになるであろうか。

そこでまず、神の存在と摂理を事実として仮定すると、自然をよく観察して議論の余地のない証拠によって証明されるのは、神の支配は第二原因を手段にしているということである。すべての事実、あるいは少なくとも物理的事実は、一様に与えられた物理的条件に従う。適切な物理的条件がすべて実現していなければ、それはけっして起こらない。私はこの主張を物理的事実に限定する。人間の意志作用の場合を、未決の問題として残すためである。もっとも、実際にはそうする必要もない。というのは、もし人間の意志が自由なのなら、創造神が自由にしているのであり、第二原因によっても直接にも神はそれを支配しない。支配されていないから、それは神の支配の見本にはならない。何を支配するのであろうと、神は第二原因によって支配する。これは科学が発達していないときには明らかではなかったが、自然過程が注意深く正確に精査されるようになるに従って、次第に認識されるようになった。いまでは、第二原因の支配が実証的に知られない現象の種類は残っていない。例外は、対象が明瞭でなく複雑であるために科学的過程がいまだ十分明晰に分析できていない場合である。そういう場合には、それらの現象が自然法則によって支配されている証拠は、現在の科学の段階では、不十分である。単に否定的な証拠にすぎないが、これらの状況から言えること、つまり第二原因による支配が普遍的であるという証拠は、目的が直接的に宗教的である場合を除いて、すべての目的について決定的であると認められる。科学者が科学のために、あるいは世俗人が実践的目的のために事象を調べる場合は、その原因は何かと自問するのであって、その事象に自然的原因があるかとは問わない。神の意志以外に原因がないということを解釈の選択肢の一つにしようとする人は、嘲笑されるであろう。

この否定的証拠の重りに対して、私たちは例外の確認によって作られる実証的な証拠を天秤の反対に置かなければならない。言い変えれば、奇跡の実証的証拠を対置しなければならない。そして、すでに私が認めたように、この証拠が例外を規則と同じ程度に確実にすることがありうると考えることができる。もし超自然的事実について感覚による直接証拠を持つことがあるなら、それは完全に信用できるものであり、超自然的事実も自然的事実と同様に確かであろう。しかし、私たちが超自然的事実に対して感覚の直接証拠を持つことはけっしてない。すでに述べたように、事実の超自然的性格はいつでも、推論や思弁の対象なのであって、神秘というのはいつでも超自然的ではない解が可能なのである。すでに超自然的力を信じている人にとっては、超自然的仮説が自然的仮説よりも蓋然性を持つ。ただし、それはその仮説が、超自然的行為者の振る舞い方について私たちが知っていること、あるいは合理的に推測することと一致する限りにおいてである。さて、自然の証拠から神の振る舞い方について私たちが知っていることはすべて、自然理論に一致し、超自然理論には合わない。それゆえ、蓋然性は圧倒的に反奇跡に傾いている。これに対抗するためには、想定される奇跡と状況が、神の属性について私たちがよく知っていることや信じる根拠を持っていることと、驚くべき仕方で反論の余地がないくらい適合していることが必要である。

奇跡の目的が人類にとってきわめて有益であるとき、たとえば、きわめて重要な信念を裏書きするようなときに、この異常な適合性が存在しているように考えられる。神の善性は、その卓越した目的のために一般的支配法則に例外をつくるかもしれないという高い蓋然性を推論の前提に与えている、と考えられている。しかし、すでに検討した諸々の理由から、神が実際にしたこととしなかったことを推論するのはきわめて危険である。もし、私たちが神の善性から実証的事実を直接推理するなら、この世界に、悲惨や悪徳や犯罪は存在すべきではない。もし、神が人間によくするために、いつもの支配のやり方から離れたことが一度でもあったなら、神が他の一〇〇〇の機会にそうしなかったのかということは、神の善性を理由にしても説明ができない。あるいはまた、キリスト教の啓示のように、何らかの［一般法則からの］逸脱によって目指されている利益が超越的であり唯一無二のものであったとしても、なぜ、これほど多くの時代が過ぎ去った後でその特別な恵みが与えられたのであろう。またなぜ、ようやく与えられたとき、その証拠が疑いや問題にさらされるままになっているのであろう。銘記しておこう。神の善性は、よい目的が逸脱なしに達成できないのでなければ、普通の支配様式から逸脱することを容認しないはずである。もし神が人類がキリスト教や他の何かの恵みを受け入れることを意図したのであれば、創造の枠のなかで自然的発展の適切な時期にそうなるように準備しておいた方が、私たちが知っている神の支配とずっとよく一致したであろう。付言すれば、人間の精神史について私たちが現在手にしている知識の全体は、実際にそうであったのだというう結論に傾いている。

これらの考察の後、付け加えるべきことは、キリスト教やその他のあらゆる啓示宗教の基礎に付随していることであるが、本当の奇跡であれ、奇跡と思われているものであれ、奇跡について私たちが持っている証言自体のきわめて不完全な性格である。一番良質の証言を取り上げたとしても、それはきわめて無学な人々の、相互につきあわされていない証言である。このような人々は通常、人を信じやすく、教義の立派さやその教義を彼らに熱心に説く教師への敬意から見事なくらい騙されやすい。彼らは、感覚による知覚と、生き生きとした想像力によって知覚に上書きされたものを区別することになれていない。仮象と実在、自然と超自然を見分ける難しい術に通じていない。奇跡と言われているものに反対することに誰も意味があると思わなかった時代には、一層そうであったろう。奇跡は欺きの霊によっても神の霊によっても起こるから奇跡自身は何も証明しない、と信じられていた時代だからである。証言といってもそういうものだった。しかも私たちは直接の証言を手にしていない。正統的な理論についてすら、ずっと後になってからの文書なのである。こうした文書は、出来事の歴史だけを含んでいるが、しばしば、目撃証言を明記すらしていない。文書は（しかたがないことだが）、初代キリスト教徒たちの間で流布していた奇跡物語のうちから最良で最も不合理でないものを書き留めた。しかし、そのとき例外的に、奇跡の当事者や傍観者の名前を記録した。これらの名前が伝承から採られたことは間違いない。人々の心のなかで、その物語と（ひょっとしたら偶然的に）むすびついていた人々の名前を挙げたのである。というのは、何らかの小さな基礎から、一歩一歩、詳しい細部が付け加わり現在の物語ができあがっていく様子を観察した人がいれば、最初は無名だった人がどのようにして名前を付加されるかがわかる。物語を語った人の名前が最初の証言者として物語のなかに取り込まれ、その後、登場人物になるといったことがないとも限らない。

また、注意すべき重要な考察点は、奇跡物語は教養のない人々のなかで成立し、それがすでに大衆のなかで信じられた後、教養ある人々に採用されたということである。プロテスタントが信じている物語はすべて蓋然性の基準のない、奇跡が普通の現象と考えられた時代や国で作られたものである。もちろん、カトリック教会は、今でも奇跡がなくなっておらず、現在の不信心な時代でも、新しい奇跡が絶えず行われ信じられているという信条を堅持している。——しかし、不信心な世代と言っても、時代の不信な部分なのではなく、いつでも子供っぽく無知である上に、(カトリックの聖職者によって教育された者の誰もがそうであるように) 信じることが義務であり疑うことが罪であるという思想によって訓練された人々のなかの世代である。真の宗教の名によって信じるようにと差し出されたものに疑いを持つことは危険であり、不信ほど敬虔に反することはないと教えられている。しかし、ローマ・カトリック教徒以外には誰も信じていない、またすべてのローマ・カトリック教徒が信じているわけではないような奇跡は、しばしば昔の奇跡について私たちが手にしているよりも遙かに多い証言に基づいていることがある。そして、最も本質的な点の一つにおいて優れている。つまり、多くの場合に目撃者と言われている人が知られており、私たちは、彼らの話を直接聞いているのである。

このようにして、奇跡の実在性についての証拠の両天秤は、神の存在と支配が他の証拠によって証明されていることを前提にして設定される。一方の側には、神の支配について、自然の動きから明らかになることとの全体から出てくる否定的な見込みがある。神の支配は、第二原因を通して、また変わらぬ先行事象には不変の物理的結果が続くようなかたちで行われている。他方の側には、非常に例外的な事例がある。その事例は、通例ではない、あるいは、ありそうもない事実を少しでも信じさせる性格を持っていない証拠によって主張されている。すなわち、ほとんどの場合、目撃者は無名であり、しかも、どの場合でも、性格と教養の点で彼らが見たかもしれない現象の本当の本質を見抜く力を持った目撃者ではない。[20] こうした目撃者は、むしろ、人間を説得するように鼓舞する強い動機の固まりによって動かされ、まず自分を説得し、次に他人に対して、自分たちが見たものは奇跡であったと説得したのである。また、その事実は、たとえ忠実に報告されたとしても、単なる偶然の結果であったり、自然的手段で生み出されたものと考えることと必ずしも矛盾しない。特にどのような手段であるかということは推定できなくとも、一般的にはありうるからである。私の結論は、奇跡は歴史的事実としての性格を持っているとは言えないし、啓示の証拠としてはまったく無価値であるということである。

奇跡の側で真理として言えることとは、結局、次のことである。自然の秩序が創造神の実在性について幾らかの証拠を与えることを考えれば、また、創造神の唯一の動機ではないにしても創造神が生物に対して慈愛を持っていることについて証拠を与えていることを考えれば、あるいはさらに、神の実在の証拠はまた、神が全能ではなく神の力の限界について私たちは無知であるから、創造の最初の計画で神が与えようとしていたすべての善を与えることができたのかどうか確定できないこと、あるいは、その善の一部でも私たちが実際に受け取ったよりも前の時代に与えることができたのかどうか確定できないことを考えれば――これらのことを考慮にいれ、さらに進んで、きわめて貴重な贈り物が過去の歴史によって容易にはなっても必然とは見えないような仕方で、現象の上では、一人の特別に精神的・道徳的天分に恵まれ人によって私たちに与えられ、その人が公にその贈り物は自分から出ているのではなく、彼を通じて神から来ていると公言したということを考えるとき、そのような解釈において、奇跡がもしかしたら真であるかもしれないという希望を誰かが持つことを排除するほど、本質的に不可能であるとか、絶対的に信じられないというものではないと言うことができる。私が言っているのは希望を排除するものではないということである。それ以上の主張ではない。というのは、このような主題についてはキリストの証言でも証拠としての価値がないと考えるからである。キリストは、彼の使命についての内的な確信を除いて、そのほかの証拠を語ったとは言われていない（預言についての彼自身の解釈がそうであるという場合は別として）。前科学的時代には人々はいつでも、何らかの異常な心の働きが自分に訪れ、それがどうしてなのかわからないとき、神からの霊感であると思ったからである。最良の人々はいつでも自分たちのなかにある優れた特性を、自分たちの功績ではなく、より高次の源泉に由来するものと喜んで考えたからである。

第五部

一般的結論

神実在論の証拠、ならびに（神実在論を前提とする）啓示の証拠についてのこれまで検討してきた結果から、自然宗教と啓示宗教のどちらにおいても、超自然的出来事に対する合理的な思考態度は懐疑主義であるという結論が出てくる。その懐疑主義は、一方で信仰から区別され、また他方で無神論から区別される。この場合、無神論とは、神を信じないという立場の消極的形態と積極的形態の両方を含む。つまり、神の存在の断定的否定ばかりでなく、どちらの側にも証拠があることを否定する立場を含む。この立場では、ほとんどの実践的目的について神の存在が反証されたと同じことになる。これまでの探求で私たちが導かれた結論が正しいなら、証拠はあるが証明には不十分であり、せいぜい低い程度の蓋然性しかないということになる。存在する証拠によって示唆されるのは創造である。もちろん、その創造は宇宙［自体］の創造ではない。知的精神〈Intelligent Mind〉による宇宙の現在の秩序の創造である。この知的精神の物質に対する力は絶対ではなく、彼の被造物への愛は唯一の誘因ではないが、彼は被造物の善を望んでいる。全能の神が被造物の善のために摂理による支配をするという概念は、全面的に退けられねばならない。創造神が存在し続けていることについてでさえ、彼が地上の存在に訪れる死の法則に従うことはありえないという程度のことしか確証できない。死に従う諸条件は、死への従属が存在することが解っているところではどこでも、神が自分で作ったものだからである。この神が全能ではなく意に満たない機械を作り出してしまったため、ときどき、直々に制作者の手をさしのべることが必要であるという解釈は、それ自体では不合理でも不可能でもない。しかし、そのような介入が起こったと信じられているどの事例においても、その介入を証明するような証拠は存在していない。それは単なる可能性に留まっている。通常の人間の力では達成できない祝福が、異常な人間の力ではなく人間を超えた知性の寛大さから来ており、その知性が継続的に人を配慮してくれると考えることが慰めになるような人は、この［奇跡の］可能性を考え続けるであろう。死後の生命の可能性も同じ根拠に基づく。——人間に対して慈愛を持っている有力な存在なら、与えることができるかもしれない恩恵、そして、もし神から出ているとされているメッセージが実際に神から送られたものであるなら、神が実際に約束している恩恵に基づく。こうして、超自然的出来事の領域全体は、信念の宗教から単なる希望の領域に移される。そしてその点では、私たちが何を見ることができるとしても、超自然的なものはそれから独立して、いつでも存在し続けるように思われる。というのは、神の慈愛が人類の運命に直接働いているということについて実証的な証拠を得ることを期待することはできないであろうし、この問題についての人類の希望の実現が可能性の域を超えると考えるべき理由が発見されることを期待することもできないからである。

そこで考えなければならないことは、単に想像の領域において希望を懐くことが非合理的であり、感情や見解を厳密に証拠によって規制する合理的原理からの逸脱であるとして、牽制されるべきかどうかである。単なる想像の領域では、期待を成立させる蓋然的根拠が獲得される見込みが立たない。

この点では、少なくとも長期的にみれば、それぞれの思想家が、個人の気質の違いからまちまちの判断をするであろう。想像力の開発や制御を支配すべき原則――これは一方では想像力が知性の正確な働きを乱したり、行為と意志の正しい方向を妨害することがないようにするとともに、他方では想像力を生活の幸福の増大と性格の向上のために働く力として使用することを狙っているが――、この原則は、これまで哲学者たちの真剣な考察対象にはなってこなかったが、人間の性格と教育に関して考察するとき、どのような考え方をとっても、たいてい、この点についての何らかの考察が含まれている。そこでこのことが今後実践的目的にとってきわめて重要な研究領域として見られるようになることを私は期待したい。そして、人間を超えた存在の有様について実証的な信念が弱まるにつれて、高次の事柄についての想像力が、仮定上の実在領域から出てくる題材にあまり関わらなくなることを期待する。人間の生命は現にあるとおり小さく限定されており、単に現世の生活としてだけを考えた場合は、たとえ物質的・精神的進歩が現在の災いの多くの部分を取り除いたときでも、依然として小さく限定されているから、それ自身とその目標に関してもっと広く高い希望を持つ必要がある。想像力は事実の証拠と衝突することなくその希望に従うことができる。そして、この［人生の希望の］課題については、たとえ確率は非常に小さくても、その確率を最大限に利用することは知恵の一部であり、それが想像力に立脚点をあたえる。私にはそのように思われる。また、想像力のこのような傾向を開発しても、厳密な理性の開発と足並みをそろえていく限り、必ずしも判断を曲げることにはならない。むしろ、問題の両側面の証拠を完全に冷静に査定して、最も慰め深く同時に最も改革的な可能性を選ぶことができる。その場合、一方の可能性が他の可能性よりも実際に実現する可能性が高いということを期待する根拠をいささかも過大評価することがない。そういうことがありうることに私は満足している。

もちろん、これは伝統的に伝えられた多くの実践的処方のなかにはなく、また生活の規則として認められてはいないが、幸福な人生の大部分は、これを暗黙のうちに守ることによっている。たとえば、人生の祝福の重要なこととして、いつも考えられている快活な性格の意味とは何だろうか。気質によるものか習慣によるものかは別にして、現在ならびに将来の明るい面に主として目を向ける傾向以外のことであろうか。すべてのことに、好ましい面と忌まわしい面があるが、どの面も事実との関係で、それゆえまた注意深い推論との関係で占める位置とまったく同じ位置を想像力のなかで占めるべきだと言うのなら、私たちが快活な性格と呼ぶものは、一つの愚行の形態にすぎない。それは、それ自身が好ましいという点以外では、反対の性格、つまり万事について暗い悲痛な見解に傾く性格とまったく同じということになるであろう。しかし実際に見られるとおり、人生を快活に受け取っている人が、他の人たちに比べて悪や危険の合理的見通しに暗く、悪や危険への予防を怠っているということはない。むしろ別の傾向が見られる。希望を抱く性格は、心的諸能力に拍車をかけ、すべての活発なエネルギーをよく働かせる。想像力と理性がともに適切に開発されるなら、相互に相手の専権事項を侵害することはできなくなる。私たちが必ず死ぬという確信を維持するために、常に死について考えていなければならないということはない。避けることのできないことについては、それ以上考えず、私たちの人生と他人の人生にとって利益になる賢明な規則を守り、避けることのできない出来事を想いながらも、私たちに与えられてくる義務を何であれ果たす方がはるかによい。確実な方法は、死についてのべつ考えるよりも、いつも義務と人生の規則を考えることである。実践的英知の真の規則は、事物のすべての側面を習慣的思考のなかで平等に扱うことではなく、私たちの行為に依存し、私たちの行為によって改変される側面を優先することである。私たちに左右されない事柄に関して、事物や人類を好ましい側面で見るようにすることが望ましいのは、単に人生をより楽しくするためだけではない。それはまた、事物や人類をよりよく愛し、その改善のために心から働くことができるようになるためである。私たちが、想像力を人間や事物の醜い側面に向けたとして、それは、いったい何のためになるであろう。人生の悪に不必要に長くながくこだわることの結果はたかだか神経の消耗である。不必要というのは、不可避であるという意味で必然的ではなく、義務の遂行にとって、また悪の現実の感覚が思弁的で曖昧なものにならないようにするためには必要でないという意味である。しかし、人生の悪にこだわることがしばしば力の浪費になるとすれば、習慣的に人生の惨めさや愚劣さに考えを向けているのは浪費よりももっと悪い。人生の惨めさと愚劣さを自覚していることは必要である。しかし、それを観つづけることによっては、自分のうちに精神の高い基調を維持していくことはできない。想像力と感情が低い位置に落ちてしまうのである。観念は高まらずに低下し、日常的対象と生活上の偶発事に関わり、考えることはそうしたことと同じ色調になる。丁度、酒色のことばかり考えている人の思考が、官能的な色調に染まるのと同様である。観念の種類によっては想像力が腐敗することがあると感じている人々はかなりいる。そういう人々は、くだらない観念連合によって詩が詩に囲まれた環境から切り離されたときに感じられる苦痛と同種の苦痛を感じたことがあるに違いないと私は思う。それはちょうど、格調高い詩の言葉に結びついていた美しい曲が卑俗な言葉と結びつけられて歌われるのを聞いたときの苦痛に似ている。これらのことを言うのは、想像力を統制しようとするとき、文字通り事実についての真理だけが考えられなければならないのではないということを具体例で説明するためである。真理は理性の支配領域に属しており、それが知られ、人間生活の状況と義務に必要なものとして考えられるようになるのは、いつでも合理的能力を開発することによってである。しかし、理性が強く開発されるとき、想像力は、理性によって作られ外壁を守られている城の内部でそれ自身の目的を安んじて追求し、人生をできるだけ快適にし、好ましいものにすることができるのである。

こうした原則に立つなら、宇宙の統治や人間の死後の運命に関して希望を持つことは、希望以上の根拠はないという明瞭な真理を認識している限り、正当であり哲学的に擁護できる。そのような希望の有益な効果は、けっして軽視されるべきではない。この希望によって人生と人間性が偉大なものに感じられるようになる。また、同胞や人類一般が私たちの心中に呼び起こすすべて感情がより力強く、より荘重なものになる。人生の努力や犠牲が聡明で高貴な精神を形成しようとしている途上で、世間がその恩恵を刈り取るときがようやく訪れたと思う矢先にその精神が他界してしまうような状況に出会うとき、痛切に感じられる自然の皮肉の感覚を、希望は和らげる。人生は短く学術は悠久であるという真理[21]は、古来、私たちを最もがっかりさせる［人生の］条件である。しかし、この希望によって、魂それ自体を改善し美しいものにするための学術が、たとえ現世では役に立たないように見えたとしても、別の人生で役立つ可能性を認めることができる。しかし、有益なのは特定の希望の存在であるより、むしろ感情の一般的規模が拡大することである。高尚な切望はもはや人生の無意味さの感覚によって――つまり「価値がない」という破滅的な感情によって、同じ水準に低く抑えられることはない。人生の終わりまで性格を改善するように奨励されることによって利益が得られるということは、その利益を個々に特定しなくとも、明らかである。

また、想像力の行使という点では、過去から現在に至るまで主として宗教的信念によって保たれた、人類にとって限りなく貴重なきわめて重要なものがある。人類の美徳〈優秀さ〉は、それを十分に利用する用意があるかどうかに大きく掛かっている。それは何かと言えば、想像力が道徳的完全存在

［としての神］の概念に親しむことであり、私たちの性格と生活を整えるための規範あるいは基準として、そのような存在から是認を受けようとする習慣である。一人の［神的］人格のなかに卓越性の基準を理想化することは、その［神的］人格が単に想像上のものであると考えられた場合にも十分可能である。しかし、宗教は、キリスト教の誕生以来、私たちが考えられる最高の知恵と善を合わせた状態が具体的に生きた神のなかにあり、神の目が私たちに注がれ、私たちの善を計らっているという信念を植え付けてきた。最も暗く堕落した時代でも、キリスト教はこのたいまつの光を高く掲げてきた。キリスト教はこの神を畏敬と模範の対象として人間の目の前に掲げ続けてきたのである。もちろん、そこで思い浮かべられた人格完成［の基準］は、不完全なものであり、多くの点で、悪用され堕落した基準でもあった。原因はその時代の道徳的観念の低さだけではなかった。善の原理［である神］を、無限の力を持っている人格として褒め称える必要があると思われていたため、過った指導を受けた信仰者たちが多くの道徳的矛盾を無理に鵜呑みにしようとしたことが原因になった。人類が道徳的な矛盾や知的矛盾を見逃し、相互に矛盾する命題を心に受け入れ、矛盾に驚かないばかりか、矛盾した信念が心の中に形成する自然の結果の少なくとも一部だけでも防げなかったことは、人間本性の最も普遍的で驚くべき特性のひとつであり、人類の理性がようやくたどり着いた段階の低さを具体的に証明している。敬虔な男女は、さらに道徳的善についての最も普通の限定された考え方とも矛盾するような特定の行為や一定の意志と行動を神に帰して、自分たちの道徳観念を、多くの重要な点で完全にゆがめてしまった。それにもかかわらず、自分たちの精神状態が考えることができる最高の理

想的善の諸属性を神にまとわせ、そう考えることによって善への自分たちの切望を鼓舞し続けてきたのである。完成について私たちが持つ最善の観念を実現している神が実際に存在し、私たちの生存は宇宙の支配者としての神の手のなかにある。疑われることのないこのような信念が、単なる理想から出た力以上の強い力をこうした道徳感情に付加してきたことは疑いない。

自然を合理的に見て、創造神の存在と属性について、その証拠の性質や量を検討する者たちは、この特典を享受できない。しかし他方、彼らは、世界の統治をすべて道徳的観点から正当化しようとする宗教が、どの形態の宗教であっても悩まされる道徳的矛盾に煩わされずにすむ。それゆえ、彼らは、世界の全能の支配者のなかに理想的善を見いださなければならないと考える人よりも、善の理想について遙かに真理に近く首尾一貫した概念を持つことができる。創造神の能力が有限であるとことを承認しさえすれば、創造神の善が完全であること、私たちが似たいと思い行為の際にその是認を求めるような理想の完全な性格が神の存在のなかに実際に存在すること、そしてその神のおかげで私たちが享受するすべての善があるということ、そうした想定を反証するものは何もない。

なかでも、キリスト教が神的人格のなかに卓越性の基準と模倣のモデルを掲げたことによって「人類の」性格形成に及ぼした影響の最も貴重な部分は、完全な不信仰者にも有益であり、人類からけっして失われることはない。というのは、キリスト教が信仰者たちに人間の完成の原型として示したのは、神というよりキリストであるからである。現代人の精神を非常に健全に捉えているのは、ユダヤ人の神や自然の神というより、人となった神〈God incarnate〉である。そして、合理的批評によって何が取り去られても、キリストは依然として残っている。彼は独特の人物であり、先駆者とも彼にじか教えを受けた弟子たちとも似ていない。福音書に示されたキリストは史実ではなく、その素晴らしさのどれだけが、弟子たちの伝承によって付加されたものか分からないと言っても何の役にも立たない。弟子たちの伝承に驚嘆すべきことが挿入されたり、キリストが行ったと言われているすべての奇跡の話が挿入されることがあったのかもしれない。しかし、弟子や改宗者のなかでいったい誰が、イエスに帰されている言葉、また福音書に示されている生涯や性格を発明することができたであろう。ガリラヤの漁師ではないし、聖パウロでもない。パウロの性格や特異性はまったく違った種類のものである。初期のキリスト教の記者ではなおさらない。彼らにとっては自分たちのうちにあるよいものはすべて［人間以上の］高い源泉から出ているということほど自明なことはなかった。それは、彼らがいつも公言していたことである。一人の弟子によって付加されたか挿入された可能性がある部分は、ヨハネ福音書の神秘的部分である。これは、フィロンやアレキサンドリアのプラトン主義者から出て、救い主の長い自己証明の発言に取り入れられたものである。この発言については、他の福音書にはその痕跡がまったくないが、深い関心を持たれたさまざまな機会に、彼の主だった弟子たちが臨席していた場所で語られたものとされている。最後の晩餐における言葉が最も典型的である。東方では、後の時代の多数の東方系グノーシス主義(22)のセクトのように、この愚作の部分をやたらに借用する人たちが多く出た。しかし、イエスの生涯と言葉には、深い洞察と結びついた個人的独創性の刻印がある。科学的厳密さとはまったく違ったことが目指されている場所で科学的厳密さを見いだそうとする無駄な期待を捨てるなら、その洞察によってこのナザレの預言者は、彼が聖霊を受けたことをまったく信じない者の評価のなかでさえ、人類が誇ってよい最高の天才のランクに達しているのである。もし、この卓越した天才がこれまで地上に生存した最大の道徳的改革者、またその改革のための殉教者でもあった人の諸性質と結び合わされていたとすれば、宗教が人類の理想的代表として、また指導者としてこの人物を選んだことを悪い選択であったと言うことはできない。また、今日でも、キリストが是認する生き方をしようと努力すること以上に、徳の規則を抽象的なことから具体的なことへと展開するよい方法を発見することは、信仰を持たない者にとっても容易ではないであろう。もし合理的懐疑論者の考えに対して、キリストは、実際は、彼が自分自身そうであると考えていた通りであった可能性が残ると付け加えて言うなら、つまり、彼は自分を神であるとは思っておらず――なぜなら彼は神であるような態度をまったくとらなかったし、彼を非難した人々が思ったと同様に、そのような態度は冒涜であると考えていたかもしれないからである――むしろ人類を真理と徳に導くという特別で、明快な唯一無二の使命を神から授かっていると思っていたかもしれないと付言するなら、宗教の証拠に対して合理的批判が最大限なされた後にも、宗教が持つ性格形成力は維持される価値があり、直接的力の点では堅固な信仰者の影響力を持たないとしても、宗教の影響力が是認する道徳の大きな真理と実直さによって、その欠陥を補ってあまりある、と私たちは結論できる。

これらの印象は、それ自体では宗教と言うべきものに達していないが、しばしば人類教〈Religion of Humanity〉(23) あるいは義務の宗教と呼ばれている真に純粋な人間的宗教を、上手に支持し強化するように私には思われる。同胞の福祉を直接促進するという目的についてはどのような犠牲も大きすぎることはないのだから、同胞の福祉のために、あらゆる利己的な目標を制限する責務として宗教的献身を育成することにはさまざまな誘因があるが、人類教は、それに加えて、人類の福祉への献身を生活規則にすることよって、私たちがこの人生で享受できるいっさいのことの原因である見えない存在に協力できるのだという感情、つまり神を補助するという感情を付与するのである。こうした形式の宗教観が受け容れる高揚した感情は、宇宙における善の原理の全能を信じる人々には無縁である。神を補助する感情とは、神が与えた善に神に協力することで報いたいという気持ちである。神は、全能ではないのでこの協力を必要としている。この協力によって神の目的の成就に向かって幾らか近づくことができる。人間の現状にとっては、このような感情が増大することがきわめて望ましい。なぜなら、善の力と悪の力の間の闘争は絶えず続いており、人間のような慎ましい生物でもその闘争に参加できないわけではないからである。この闘争では、正しい側にほんの少しでも加勢することに価値がある。そのことで、非常に緩慢なほとんど認識されない前進が起こり、善が悪を次第に追いつめていく。その進歩は、一定の期間をおいて見れば明瞭になって、道は遠いけれども不確かではない善の最終的勝利を約束する。この到達点に少しでも近づくよう、この人生でどんなに小さくてもできるだけのことをすることは、人間を励ますことができる最も元気の出る思想である。そして、超自然的制裁があってもなくても、この思想が未来の宗教になる定めにあることを私は疑うことができない。しかし、諸々の超自然的希望は、私が合理的懐疑と呼んできたものが認めざるをえない程度と種類においてではあるが、この宗教が人類の精神の上に正当な支配的地位を占めるようになるために、依然として少なからず貢献すると私には思われるのである。

註

編者序文

(1)［訳註］ミルは、一八六〇年四月一一日のアレキサンダー・ベインあての手紙で、ダーウィンの『種の起源』を読み、ダーウィンの説を「証明はされていないが真理であるかもしれない」と述べている。

(2)［訳註］Sir Henry James Sumner Maine（一八二二―一八八八）。法制史家。

第一論文

(1)［訳註］ユスティニアヌス『法学提要』第一巻、二章。

(2)［訳註］George Combe（一七八八―一八五八）。英国の骨相学者。

(3)［訳註］ホラティウス『歌章』第一巻、三（藤井昇訳、現代思潮社、一九七三年、八頁）。

(4)［訳註］Alexander Pope（一六八八―一七四四）『人間論』書簡一（上田勤訳、岩波文庫、三四頁）。

(5)［訳註］ポウプ『人間論』書簡四（上田勤訳、岩波文庫、九一頁）。

(6)［訳註］紀元前二〇七―一九二年のスパルタの支配者。

(7)［訳註］ローマ皇帝（在位八一―九六）。

(8)［訳註］ジャン＝バティスト・カリエ（Jean-Baptiste Carrier, 一七五六―一七九四）。フランス革命期の政治家。反乱軍を鎮圧した後、捕虜数千人を廃船に乗せてロアール川で沈め、溺死させた。

(9)［訳註］マタイ福音書一三章一二にある、イエスの例え話のなかの一句。

(10)［訳註］ポウプ『人間論』書簡一（上田勤訳、岩波文庫、一六頁）。

(11)［原註］このあらがいがたい信念は宗教的哲学者たちの書いたものに見られ、彼らの一般的な理解力の明晰さと正確に対応している。ライプニッツの有名な『神義論』ほどこの点で明晰なものはない。これは不思議にも最善論の体系であるかのように誤解されており、そのようなものとしてヴォルテールによって風刺されたが、その根拠はライプニッツの議論とはまったく接点のないものであった。ライプニッツが主張したのは、この世界が考えられる世界のうちで最善であるということではなく、可能な世界のなかで最善であるということであった。可能な世界とは、絶対的善である神が選んだもの以外ではありえない、と彼は論じる。この著作のどの頁でも彼は暗黙のうちに神の権力とは独立した抽象的な可能性と蓋然性を想定している。敬虔な感情によって彼は、神の力を全能という語で語っているが、それは彼の説明では、抽象的な可能性の限界内のすべてに広がる力を意味する。

(12)［訳註］『政治家』二七三c。

(13)［訳註］transcendently vicious.「並はずれた悪徳」という意味であるが、悪徳の起源について、それが通常の経験の外で、経験とは無関係に決められると考えるカント的先験哲学や、キリスト教原罪論を視野にいれた言葉遊びか。

第二論文

(1)［訳註］ギリシア神話に登場するミュケナイの王女イーピゲネイアは、女神アルテミスの怒りを和らげるため、父アガメムノーンによって生贄に捧げられた。

(2)［訳註］ルイ一四世が、フランス国内のプロテスタントであるユグノーに対して行った迫害。ユグノーを官職から閉め出し国外への移住を禁止し、兵隊を派遣してカトリックへの改宗を迫った。

(3)［原註］フィリップ・ビーチャム著『自然宗教が人類の現世の幸福に与える影響の分析』（一八二二）。［訳註］ミル父子と親しい関係にあったジョージ・グロートが一八二二年に、ベンサムの草稿をもとに、偽名で発表した論文である。本論については、ミルの『自叙伝』（山下重一『評註 ミル自伝』御茶の水書房、二〇〇三年）一二二頁を参照せよ。

(4)［訳註］トーマス・カーライル『英雄と英雄崇

拝』(*Collected Works, vol.12*, London: Chapman & Hall, p. 69).

(5)[訳註] 紀元前八世紀のスパルタの伝説的法律家。軍事国家の道徳として平等、軍事能力、質素を重んじた。

(6)[訳註] デルフォイはギリシア中部の山上にある聖所で、そこで伝えられる託宣はギリシア世界で大きな権威を持った。

(7)[訳註] 出エジプト記二三章二節「あなたは多数者に追随して、悪を行ってはならない」。

(8)[訳註] フランス革命時代の政治家ミラボーの『回想録』に出てくる言葉。Mirabeau, Honore-Gabriel de Riquetti, *Memoires bibliotiques*, Paris, 1834-5, t. 2, 488. Colin-maillard と呼ばれる目隠しゲームを比喩に使っているが、当てずっぽうでも長く時間をつかえば最後には当たるという意味。

(9)[訳註] ニネヴェもバビロンも旧約聖書で没落を預言された古代帝国の首都。ヨハネの黙示論でも没落を預言されている。

(10)[訳註] ***Analysis of the Influence of Natural Religion*** (London: Carlisle, 1822), pp. 58-66.

(11)[訳註] マルクス・アウレリウス・アントニヌス(一二一—一八〇)。第一六代ローマ皇帝で、ストア哲学に基づき『省察』を著したことで有名。

(12)[原註] しかし、「新しい命令」ではない。偉大なヘブライの法律家を正当に見るなら、隣人をあなたの同じように愛するという戒律がすでにモーセ五書のなかに存在していたことが銘記されるべきである。そして、そこにあるのは驚くべきことである。[訳註] ヨハネによる福音書一三章三五節、ならびにレビ記一九章一八節を見よ。

(13)[訳註] ルカによる福音書一〇章三〇—三六節に書かれているイエスの例え話。隣人愛の本質について教えている。

(14)[訳註] ヨハネによる福音書八章七節にあるイエスの言葉。

(15)[訳註] ローマの詩人、プブリウス・パピニウス・スタティウス(Publius Papinius Statius, 紀元四六—九六)の言葉。

(16)[訳註] 新約聖書、コリントの信徒への手紙

（一）一五章三一節に紹介されている古代の格言。

(17)［訳註］ホラティウスの言葉。未来はあてにならない、という意味の句の一部。

(18)［訳註］オーギュスト・コント（Isidore Auguste Marie François Xavier Comte, 一七九八—一八五七）が提唱した人類教（Religion de l'Humanité）を指す。超自然的宗教であるキリスト教に替わる世俗的宗教。ミルは、他の著作でも、この思想への共鳴を表明しているが、コントとミルの宗教思想には相違もあるため、ミルの場合には「人間性の宗教」と訳すこともある。

(19)［訳註］マタイによる福音書五—七章にまとめられたイエスの教え。

(20)［訳註］イザヤ書五五章八節「私の思いは、あなたがたの思いと異なり、私の道はあなたたちの道とは異なると主は言われる」。

(21)［訳註］プラトン『政治家』二七三c。

(22)［訳註］父親ジェイムズ・ミルのこと。山下重一『評註 ミル自伝』八二頁以下参照。

(23)［訳註］『オデュッセイア』第一一書（呉茂一訳、岩波文庫、上、三五三頁。）

(24)［訳註］ハドリアヌス帝（在位一一七—一三八）。死に際して、五行の詩を遺したと言われる。

ああ、私の魂よ、身体の楽しい同伴者よ、いまや離れていく移ろいゆくもの、どこにむかって飛び去っていくのか、おそれつつ、おののきつつ、憂愁のなかで、おまえの以前の機知はどこにいったのか、おまえはもはや戯れることはない……。

第三論文

(1)［訳註］『法律』八九一e以下。

(2)［訳註］デカルト『哲学原理』第四部。

(3)［訳註］フランスの哲学者（Victor Cousin, 一七九二—一八六七）。

(4)［訳註］一八二九年にハミルトン『エジンバラ評論』が発表した「無条件なものの哲学」を指す。*Discussions on philosophy and literature, education and university reform* (London, 1852), pp. 1-38 に再録されている。ハミルトンはミルが『ウィリアム・ハミルトン卿の哲学の検討』で批判したスコットランドの哲学者（William Hamilton, 一七八八－一八五六）。

（5）［訳註］サミュエル・バトラー（Samuel Butler, 一六一二－一六八〇）の風刺詩「ヒューディブラス」のなかの言葉（第一部、第一歌、五〇五－六行）。

（6）［訳註］ペイリー（William Paley, 一七四三－一八〇五）の『自然神学』（*Natural Theology, or Evidences of the Existence and Attributes of the Deity collected from the Appearances of Nature,* 1802）の最初に出てくる議論。

（7）［訳註］ミル『論理学体系』三巻、一三章。

（8）［訳註］ペルシアのゾロアスター教のこと。オルムズドは善、光、精神を現し、アーリマンは悪、闇、物質を表す。

（9）［訳註］第一論文、一頁以下。

（10）［訳註］アフリカ原住民。一九世紀の研究書にホッテントット等と並んでよく言及されている。

（11）［訳註］アンダマン島は、ビルマ沖のインド洋にある群島。

（12）［訳註］François Fénelon（一六五一－一七一五）。王権神授説に反対したフランスの神学者。

（13）［訳註］『パイドン』八五c－八六d、九一d－九五a。

（14）［訳註］古代帝国リュディアの王（在位、紀元前五九五－五四七年頃）。莫大な富を得たことで有名。

（15）［訳註］ローマ初代の皇帝（在位、紀元前二七－一四年）。共和制を廃止し、政治権力を皇帝に集めた。

（16）［訳註］ヒューム（David Hume, 一七一一－一七七六）の『人間知性研究』に出てくる議論。

（17）［訳註］キャンベル（George Campbell, 一七一九－一七九六）。*A dissertation on miracles: containing an examination of the principles advanced by David Hume, esq., in An essay on miracles* (1762).

（18）［訳註］*A System of Logic*, Bk. Ⅲ, chap. XXV, §4.

（19）［訳註］*Rationale of Judicial Evidence* (London: Hunt and Clarke, 1827), vol. 1, p. 137.

(20)［原註］パウロは初代キリスト教徒のなかで例外的に無知ではなく教養があったが、自分の回心以外の奇跡について何も語っていない。回心は、新約聖書の奇跡のうちで、自然的原因から最も説明しやすいものである。［訳註］パウロの回心については、新約聖書、使徒言行録九章一－一九節を参照。

(21)［訳註］ヒポクラテス『格言』の最初の言葉。*The genuine works of Hippocrates* (London: The Sydenham Society, 1849), p. 697.

(22)［訳註］初期キリスト教から出た異端のセクト。イエスが人になった神であることを否定し、キリストをイエスとは別の精神的存在としてとらえた。

(23)［訳註］第二論文の註18を参照。

訳者解説

大久保正健

1　テキストについて

ここに訳出したミル（John Stuart Mill, 一八〇六―七三）の宗教論は、ミルの死後一八七四年に、義理の娘のヘレン・テイラーによって編集・出版された*Three essays on Religion*の全訳である。執筆時期を異にする三つの論文を含んでおり、日本では原著名を直訳した『宗教三論』という名で知られている。この新訳では、日本語の移り変わりと現代の語感を考慮して『宗教をめぐる三つのエッセイ』という表題にした。ただし、この解説文では、研究史に関わる部分で『宗教三論』と記すことにする。

(1) 小幡篤次郎の翻訳

本書はミル著作の、日本における翻訳史のなかで、ユニークな経歴を持っている。明治期以降、日本の知識人たちは明六社同人を筆頭にして、近代国家形成の原理を発見するため、一九世紀の欧米思想を積極的に参照・摂取した。そのなかで、英国でも評判が高かったミルの著作は注目を集め、明治五年には中村敬宇によって『自由論』が『自由之理』として、また明治八年には『代議政治論』が永峰秀樹によって『代議制体』として、さらに明治一〇年には西周によって『功利主義論』が『利学』として翻訳出版された。本書も福沢諭吉門下の小幡篤次郎によって翻訳され、明治一〇(一八七七)年に第一論文「自然論」が、また翌一一年には第二論文「宗教の功利性」が第一論文との合本の形で、それぞれ、「天然論」「教用論」という題名で日本橋丸家善七商店から出版された。ミルの原本が一八七四年の発行であるから、そのわずか三年後のことである。明治時代の知識人が、同時代の西洋文明に――単に制度的側面だけでなく、その精神的根幹にいかに強い関心を持っていたかを示す一例になるであろう。(なお、小幡訳は現在、明治一一年の合本版『弥児氏宗教三論(第壹編)』が国立国会図書館の「近代デジタルライブラリー」事業によってPDFファイルにされ、インターネット上に公開されている。)

小幡篤次郎は一八四二年に豊前中津藩の上士・小幡篤蔵の次男として生まれ、儒学を修めたのち一八六四年、福澤諭吉の招きで慶應義塾に入社した。その後、二度に亘って塾長を勤め、交詢社幹事に就任するなど教育・実務の両面で福澤を助け、福澤に信頼された高弟であった。彼は、その激務の間、多くの著作を公刊したが、この『宗教三論』翻訳もその一冊である。出版直前に、欧州視察に出ることになり、その慌ただしさの影響もあってか、明治一〇年には第一論文のみが刊行された。福澤諭吉は、外遊中の小幡に代わって、明治一〇年の第一論文訳本に次の「緒言」を寄せた（現代語訳）。

『宗教三論』は、英国の学者ミル氏の本が原著であって、内容は第一論文「天然論」、第二論文「教用論」、第三論文「太極論」である。小幡篤治郎君は、これを翻訳しすでに脱稿していたが、校正半ばの段階で、本年五月にヨーロッパを訪遊することになった。第一論文を書店に託して出版を依頼し、残りの原稿はカバンに入れて旅行中暇があるときに見直すという約束であった。来年に帰国後、第二、第三論文を出版するはずである。小幡君は、出発に際して「第一論文も、旅行の準備で多忙であったので、十分校正を経ていない」と言い残した。ミルの著書は、意味が深遠精妙なので、小幡君の才能をもってしても、翻訳中に原意を十分伝えない部分がでないとも限らない。どうかご寛恕願いたい。翻訳の完成は、再版のときに行うことになるであろう。明治一〇年八月一三日、出版者丸屋善七君の求めに応じて、福澤諭吉代筆。

このように、当初、第二、第三論文も刊行されるはずであったが、第三論文は結局、出版されなかった。小泉仰は、中津市立小幡記念図書館（現・中津市歴史民俗資料館）に所蔵されている原稿を綿密に分析した後、第三論文の出版が取りやめになった背景に福澤諭吉の関心との距離があったことを示唆し、次のように述べている。

『宗教三論』第一篇と第二篇においてミルが立った功利主義的宗教観の見地は、福澤の宗教論の基本的立場と一致している。しかし、超越的存在に対するミルと福澤の見解は、大きな違いを示している。また、『宗教三論』の重要な問題であった神の存在証明についての議論は、福澤にはそれほど重要なこととは思われなかったようである。わずかに神の存在証明の逆をいく非存在証明を福澤が展開しているのが印象的である。さらに、霊魂の不死説については、キリスト教文化圏に属していたミルにとっては、科学に基づいて論じなければならないことであった。一方、福澤にとっては、霊魂の不死説は、殆ど興味をひかなかったように思われる。また、奇跡論については、ミルと福澤は、大変近い見解をいだいていたということができる。以上の点から見て、『宗教三論』の刊本が、福澤の宗教観とかなりの関連を持っているように思われるが、稿本の部分、つまり第三篇は、福澤にはあまり関心を持たせたようには思われないのである。（小泉仰「ミル『宗教三論』と福澤諭吉の宗教観」、慶應義塾福澤研究センター「近代日本研究」第二巻、一九八五年、四五四頁）

福澤と小幡の間にどのような会話があったのか今となっては分からないが、福澤は、明治一〇年に刊行した「天然論」にすでに見た「緒言」を書いているから、続篇の刊行についても相談を受けなかったはずはないであろう。明治一一年の刊本に「第壹編」と記されていながら続篇が出なかったのは（他にいろいろな理由がありうるにしても）、福澤の判断が一因になっていたと推測してよいと思う。小幡の訪欧前には、小幡も福澤も、全訳を刊行するつもりであった。しかし、小幡の帰朝後に出版されたのは第二論文までであった。この時点で、小幡と福澤は、第三論文の翻訳を出版しないということで合意したものと思われる。

その理由は、第二論文「教用論」序言で小幡が記した次の言葉からある程度、推測できる。

ミルは、人道の規範を、宗教の外で確立したいと考え、その可能性を古今の経験に照らして論じようとしたが、彼が参照しているのは古代ギリシアの事例だけである。彼はこの事例によって宗教によらないで道徳を確立し、人々を薫陶教化することが出来ると論じた。もし、ミルが数年長く生きて中国の儒教や、我が国の武士道のように、宗教の外で大いに力を持って社会を形成し、人心を教化する教えがあることを知ったならば、その確信はきっと強められたであろう。ミルの言う「人類教」が人々の心をとらえ、それが人道になるかどうかは私には分からないが、人道の規範が宗教なしに独立して存在できることは、数百年来、宗教なしにものを考えてきた我が国の指導者たちにとっては明らかなことである。欧米で普及しているという理由で、キリスト教によって我が国民を教化しようとしている人たちも、我が国の人情や世間の成り立ちをよく考え、他方、キリスト教の実態を研究し、道徳が宗教の外に成立することを理解すれば、ミルの言う知徳を完成した人になれな

くはないであろう。明治一一年七月二二日、小幡篤次郎記す。（現代語訳）

この序言が示すように、この時期、すなわち明治一〇年前後に、小幡と福澤らが共通に感じていたことは、近代日本がキリスト教化することへの危惧であったと思われる。その観点で見れば、このミルの宗教論はキリスト教に対する一種の防波堤になりうるものであった。もっとも、物事の長短軽重をバランスよく見る抜群の現実感覚を持った福澤は、キリスト教を原理的に排斥するような単純な判断をしていない。彼は、キリスト教の社会的効用を期限付きで認めるようなミルの歴史相対主義にかなり共感できたに違いない。彼は人類の進歩という点で見て、キリスト教を直ちに捨て去るべきものとは即断しなかった。これに対して、小幡の場合には、今見た序文に書かれているように、キリスト教の本質を知るならキリスト教は採るに足らないと考えていた節がある。

福澤は中津藩の下士の出身であったから、日本の儒教的伝統を根底から改革するという強い意欲があった。これに対して、上士の出身であり、中津藩藩校きっての秀才であった小幡には、日本の伝統文化に対する誇りが福澤よりも強かったように見える。小幡が洋行したのは彼が三四才のときであったが、この時、彼がヨーロッパやアメリカで何を見たのか、何を考えたのか、それが第三論文翻訳出版の断念とどのように関係するかということは、今後の研究課題となるであろう。

しかし、小幡もまた日本の儒教的伝統が改革されなければならないことを福澤とともに確信していた。船木恵子は、儒教排斥について福澤と小幡の間に「若干の温度差」があると述べると同時に、小幡の思想の背景に強い自然科学志向があることを指摘している。船木は、『宗教三論』翻訳の六年前に書かれた小幡の『天変地異』に着目し、小幡がミルの著書を読む前にすでに「自然論」の主旨と似通った見解を持っていたと述べている（「小幡篤次郎とJ・S・ミルの『宗教三論』」慶應義塾福澤研究センター「近代日本研究」第二十一巻、二〇〇四、一八―一九頁）。

……自然現象の不可思議さが迷信や宗教になり、人々はそれに対する恐怖心から信仰を持つという情けないことをしている。自然現象には必ず原因があり、それを知識として知ることは迷信や宗教に頼ることではなく、自分で幸福な生活を送ることができるので、自分はあえて孔子の教えのタブーを破って『天変地異』の解をおこなうという内容である。これは「自然論」においてミルが主張した、自然の残虐性を論証して自然が善でも悪でもなく、まして絶対的な創造者（神）などでもなく、単に自然法則に物体が従っているのみであることを述べた論理と同じである。

そうだとすれば、小幡はここで単に近代国家日本の道徳的基礎としてキリスト教は必要ないと考えていただけではない。彼は、慶應義塾の学風である実学の視点から、第一論文と第二論文の啓蒙的な意義と社会的効用を十分に計算し、第三論文における理論的なキリスト教批判、ならびに「人類教」の提唱は、近代日本における知徳の改善にはほとんど寄与しないと判断したのであろう。この取捨選択のうちに、私は、明治知識人の治者としての経世感覚を見る思いがする。

(2) 執筆時期

思想家の著作を体系として理解しようとする場合、一つの重要な要素となるのは執筆時期である。編者のヘレン・テイラーは序文で、最初の二篇が一八五〇年から一八五八年の間に書かれたと語っている。五八年というのは、妻ハリエットがアヴィニヨンで急死した年である。つまり、ヘレンが序文で指定した期間は、ハリエットがミルと再婚し、強い精神的つながりを持った期間という意味である。五〇年から五八年という緩やかな期間の指定によって、ヘレンは、「自然論」と「宗教の功利性」が、『自由論』や『功利主義論』と同様に、妻ハリエットとの対話のなかで執筆が進められた、ということを示唆しているのである。

今日、この三つの論文の成立過程と時期については、柏経學がミル書簡との照合によってさらに詳しい検証をしている（『J・S・ミル研究』御茶の水書房、一九九二年、一七〇頁以下）。柏論文は、執筆過程だけでなく、本書全体に関する事実と論点を的確にまとめた優れた解説なので、本書の背景を理解したい読者はぜひ参照してほしい。しかし、ここではその細部には立ち入らず、ヘレンの示唆をうけて、話を先に進めることにする。

ミルとハリエットは、ハリエットの夫ジョン・テイラーが一八四九年に死去したのち、一八五一年に結婚したが、二人とも結核に冒されており、死があまり遠い先ではないことを自覚していた。一八五三年、ミルの病がとくに悪化したとき、ミルとハリエットは、（思考力が衰退するかもしれない）将来の世代への「精神的非常食」（mental pemican）として幾つかのテーマについて著作を残す計画をたてた。一八五四年二月七日のハリエットあての手紙にそのプランの書き写しがあるが、そのテーマは、①性格の相違（国民、人種、年齢、性別、気質）、②愛、③審美眼の教育、④未来の宗教、⑤プラトン、⑥中傷、⑦道徳の基礎、⑧宗教の功利性、⑨社会主義、⑩自由、⑪因果性は意志であるという説、の一一項目であり、この手紙でミルはさらにハリエットの示唆で、⑫家庭、⑬慣習を加えると述べている（F. A. Hayek, *John Stuart Mill and Harriet Taylor*, New York: Augustus M. Kelley・Publishers, 1951, p. 192）。

同手紙の最初に、ミルは自然論を書き上げたと書いているので、第一論文は、一八五四年二月五日に完成していたものと推察できる。それ以前の、一八五三年八月のハリエットあて手紙に「自然論を書きなおす」と書いているから、以前に書かれた草稿をもとに推敲して半年ほどで完成させたものらしい。

第二論文「宗教の功利性」については、ハリエットの示唆が直接影響している。「自然論」を書き上げた後、ミルはハリエットに次に取り組むべき著作のテーマの意見を求めたが、それに対してハリエットは「宗教の功利性」を推奨し、論文の内容の素案まで準備したのであった。ミルとハリエットのこの時期の文通から、ミルがハリエットのプランを参照しながら三月初旬に一気にこの論文を書き上げていること、また、執筆経緯から、「宗教の功利性」は「自然論」以上に、二人の合作という性格を強く持っていることが判る。

第三論文「有神論」は、多分、ハリエットの死（一八五八年）の後に書かれた。ヘレン・テイラーはこの論文は十分に推敲されていないと述べ、アレクサンダー・ベインは、完成稿ではなく下書きではないかと述べている。ヘレンは序文で、一八六八年から一八七〇年の間に書かれたとしているが、小泉仰は、一八六一年のアーサー・W・グリーンへの書簡にこの論文で扱われる内容に近い視点を述べた箇所があるので、構想自体はもっと以前のものであろうと推定している（『J・S・ミル』研究社出版、一九九七年、二〇七頁）。「有神論」は、伝統的自然神学のテーマを多く取り上げており、章立てに見られるように一つの論文として練り上げられてはいない。いろいろな機会にミルが考えた宗教思想が並置されている。したがって、この論文に関しては執筆時の確認はあまり意味を持たないであろう。むしろ、ヘレンが言うように「ミルの精神が到達した最終状態」（序文）を示しているという形で理解することが適当であると思う。

2 自然神学とミル

ミルの宗教論の背景には、一七世紀以降独自の発展をとげた英国の自然神学（自然宗教論）の伝統がある。そこで、本書の内容を解説するにあたり、まず、自然神学に関して歴史的な概説を行い、続いて、その伝統に対してミルが本書でどのような議論を展開しているかを見ていきたい。

(1) 自然神学

自然神学（natural theology）は、キリスト教神学の一部門である。キリスト教神学の前提には、神の自己顕現がある。これを「啓示」と言い、啓示に基づく神学を「啓示神学」（revealed theology）と言う。キリスト教において神は自然内の存在ではないので、自然内の対象を認識するようには認識することができない。神が、率先してその本質を開示しなければ、人間は、神について何も知り得ないのである。キリスト教では、世界の創造者である神は、最初、古代イスラエルの歴史的経験（例えば「出エジプト」）を通じて、そして後には、イエス・キリストの人格を通じて、「慈悲」「信義」などの（人格的・道徳的）本質を明らかにした、と理解されている。古代の諸宗教において、神は、暴風、旱魃などの大きな自然現象を通じて顕現すると信じられていたが、キリスト教（そしてその母胎となったユダヤ教）においては、神は人格的に自己顕現するのであり、その人格的リアリティは、「言葉」によって媒介される。特に預言者によって伝えられる神の言葉は、個々の歴史的状況のなかで、その状況との対応で語られる。「聖書」と呼ばれている書物は、（歴史相関的に解釈される）そのような言葉の集積である。啓示神学の議論は、この聖書を啓示の主たる源泉としている。

　他方、自然神学は、自然界の秩序を通じて神を知ろうとする。これは、神の人格的リアリティを直接経験しようとする啓示神学とはちがい、間接的なアプローチであるが、啓示神学の主張を補完する効果をもつ。なぜならば、歴史を先導している力が神であるとすれば、自然界を作り秩序を与えているのも神であるからである。同じ作者（author）による二つの現実、すなわち、歴史と自然は、同一の神を指し示しているはずである。このような思想をキリスト教では、「神の二つの書物」と表現した。すなわち、「聖書」という書物（スクリプトゥーラ）があるとすれば、他方にそれと対応する「自然という書物」がある。

さて、自然が神によって創造されたとすれば、作品のなかには作者の本質を示す何らかの性質が刻印されているはずである。アリスター・マクグラスは、この自然神学の発想を説明するため、トマス・アクィナスの見解をひいて次のように要約している。

一、AがBの原因であると仮定する。
二、また、Aがある性質Qを持っていると仮定する。
三、すると、BはAの結果であるから、BもまたQを持つことになる。

(Alister E. MacGrath, *Christian Theology*, 4th ed., Blackwell, 2007, p. 160)

啓示神学と自然神学の関係は、いわば双子の兄弟の関係である。両者は、同じ神を認識の対象にしているから、両者の間に対立や齟齬があることは、もともと想定されていない。両者の一致を保証するのは、トマスが「類似性」(similitudo) と言い、マクグラスが、アリストテレスの範疇論に従い、「性質」といっているものである。しかし、この認識論の用語を目的論に転用すれば、この性質は「善」であると言ってもよい。つまり、キリスト教神学では、いずれの道をとっても、神の善性によって神の存在を知ることになる。

英国における自然神学の歴史は、トマスが活動した中世に遡る。一二四六年、パリ大学と並んで中世の神学・哲学の研究拠点であったオックスフォード大学のリチャード・フィシャカーは、新入生への説教の中で、「自然という書物」を学ぶ必要性を訴えた。自然には神の「痕跡」(vestige)と「似像」(image)が刻まれているから、それを知ることが学問の目標になるというのである。このように、英国の自然神学は、啓示神学と自然神学を区別したスコラ哲学の時代に遡るが、中世における自然神学には、歴史的に一つの大きな政治的制約があって、その制約のためにそれほど発達しなかった。それは、イベリア半島を巡るイスラム勢力との対峙である。中世神学の最高峰であるトマス・アクィナスの『異教徒駁論』は、この政治的現実をふまえ、キリスト教をイスラム教から防衛する目的で書かれている。イスラム教世界では、アリストテレスの自然学が研究され、自然についての哲学的・形而上学的な研究が進んでいた。そのため、これを反駁するキリスト教の側の神学(スコラ哲学)もまた、アリストテレスを学び、存在論・形而上学で理論武装したのである。中世のヨーロッパの大学は、相互に強い連携をもっていたから、その形而上学的傾向が中世の自然神学の基調になった。

しかし、英国独自の自然神学が隆盛するのは、一七世紀以降である。一七世紀以降の自然神学の流れについては、松永俊夫『ダーウィンの時代』(名古屋大学出版会、一九九六年)に優れた学説史がある。松永によれば、一九世紀まで至るイギリス自然神学の基礎をつくったのは、ケンブリッジ・プラトン学派のヘンリ・モアであり、自然神学の「原型」は、自然界の仕組(特に生物の)に神の善性を見ようとする議論、いわゆる「デザイン論証」である(三一頁)。松永は、この後、モアの盟友カドワースの「形成的自然」が、生物界に見られるデザインの現象に着目したこと、この二人の影響が後の自然研究に影響を与えたことを記している。

ところで、この「デザイン」であるが、一言で対応する日本語は存在しない。「意図」「設計」「計画」といった訳語が可能であるが、それでも、この語の真意を伝えるには力不足である。神の「デザイン」とは、神が善意を持って世界を創造し、物理的仕組みによって善が実現されるよう支配している、という趣旨である。自然神学はこの問題を扱う。しかし、思想史的にみると、自然神学が発達した土壌には、次に見る、中世から近代の間でおこった自然観の変化がある。

イスラム勢力との争いを背景にした神学の傾向とは別に、一般の民衆の間では生活に根ざした強固な自然観があった。農夫や木こりや漁師にとって生活現場である自然界は危険な場所である。中世人は、自然界を一般に悪霊が働く油断のならない場所として警戒した。原因不明の病気は、福音書の物語で描かれているように悪霊がとりついた結果であり、害虫の異常発生や凶作や地震は神の怒りの結果であると受けとめられた。そのような民衆の意識に対して、福音書のイエスの弟子として、イエスの生き方を模範として生きるカトリック教会に期待されたことは「悪魔払い」である。教会は、悪霊の働く世界のなかに建てられた神の聖なる救済機関であった。病院の起源が修道院にあるとすれば、それは、中世カトリック教会が、「イエスの名によって悪霊を追い出し、新しい言葉を語ること」（マルコ福音書一六章一七節）を使命として引き受けたからである。暗く、希望のない民衆に対して教会が語った「新しいことば」とは、悪魔が支配しているかに見えるこの自然界（と人間界）に超自然的な聖なる救済力が働いているという福音であり、七つのサクラメント（秘蹟）はその超自然的な救済力を人々が実感的に経験できる場であった。背後には人生の悲劇的感覚があり、祭司たちは、人生に悪魔の影がさしているからこそ、幸の薄い民衆がこの現世で味わうことのできるわずかな楽しみを禁圧しなかった。中世文化を彩る祝祭の多くは異教的な起源を持っている。しかし祭司たちは、あえて民俗的祝祭を肯定し、それだけでなく教会暦や聖人にちなんで新しい祝祭を創設した。人生の悲劇的感覚を民衆と共有していたからである。結局、中世において、生活の場面に現れる自然は、悪魔と神、悪霊と聖霊が抗争する戦場であり、「茨とあざみ」が生えた呪われた地であった（創世記三章一八節）から、そのまま神の栄光を示すものではありえなかった。中世人の見た自然は美しいコスモスではなく、暗い混沌とした（カオス的な）悪い霊力が働く世界であった。

しかし、このような自然観は、近代になって次第に姿を消していく。それが、ヨーロッパのキリスト教世界が世界史の中心舞台に躍り出る政治的・文化的上昇の過程と一致していることに、私たちは気がつくであろう。一四九二年にグラナダが陥落してイスラム勢力はヨーロッパから駆逐される。コロンブスがアメリカ発見に向かったのはその直後である。そして、この時期に、キリスト教自然神学も、存在論・形而上学の枠をやぶって実証的な自然研究に進み始める。コペルニクスがクラクフ大学で天文学を学びはじめたのは一四九一年であり、その後ほどなく彼は地動説を心中で固く信じるようになったと言われる。主著『天体の回転について』は、コペルニクスの死後一五四三年まで出版されなかったが、彼の天文学は、ガリレオ、ニュートンに引き継がれた。地動説は、等質無限空間の観念によって人間中心的階層宇宙観を打ち壊すと同時に、宇宙の果てまで行き渡る力学的法則を明らかにした。ここで自然観は大きく変容する。自然は、目に見えない不可思議な力が働く魔術的・オカルト的なものではなく、隠れたところのない澄み切った一つの精妙なメカニズムとして見られるようになるのである。

この自然観の変化は、キリスト教に向かって炸裂した巨大な知的爆弾であった。なぜなら、自然が悪魔的・オカルト的でなくなれば、それまでカトリック教会が独占していた超自然的「悪魔払い」の機能は必要なくなるからである。天文学が明らかにした宇宙が、完全とまでは言えなくても大きな構造としては神の美しい作品であり、悪霊の作用によって波立つ混沌ではないとすれば、教会が語るメッセージは外的自然を標的にする必要はなくなる。教会のメッセージは「悔い改めて、福音を信ぜよ」(マルコ福音書一章一五節)という宣教の原則に立ち戻り、人々の良心を標的とすればよい。また、合理的自然の発見によって医術は魔術から解放され、身体の健康の問題は聖職者から医者の職掌に移管される。ここに、デカルト的な心と身体の分離、あるいは、教会の機能からの世俗の機能の分離(世俗化)を見ることができるであろう。

ローマ・カトリック教会からのプロテスタント教会の分離については、政治的・経済的・社会的変化の側面からの多くの研究があるが、ここでは、それと併行して進行している自然観の変化だけを紹介する。

シュトッテルンハイムの草原で落雷に打たれそうになって修道士になる誓いを立てたマルティン・

ルターは、中世人と同じように自然現象に神の力や意志を見る人であったが、ローマ・カトリック教会が民衆に説いている神学に少なからず疑問を持っていた。特に、経験的証拠をまったく持たない「煉獄」の思想のなかに彼は教会の組織的腐敗を見た。単にその教説が誤りであると判断しただけでなく、背後に特権化した教会の制度疲労があることを見たのである。人間のあらゆる制度は、一定の時間が過ぎれば道徳的に腐敗するという宿命がある。当時、ローマ・カトリック教会は深刻な制度疲労に直面していた。高位にある聖職者は宗教貴族になり、政治や世俗的事業に関わり、なかには自分の葬式になって初めて担当教区に登場する者もあった。下位の司祭は学力が低くラテン語を解さない者もいた。彼らは、兵役と納税を免除されていながら、愛人を囲ったり投機に手を染めたりしていた。教会の道徳的覚醒が必要であることを多くの人々が感じていた。そこで、ルターが贖宥符を批判すると、宗教改革は熟した柿が落ちるように転がりはじめた。ルターはカトリック教会の「煉獄」という思想を迷信として退けたが、彼は本質的に人文主義者であって自然に特別な関心があったわけではない。宗教改革者は一般に自然学に関心を持たなかったと言われている。ルターは、悪魔の実在を信じていたが、彼の悪魔は自然界に跋扈し災害を引き起こす力ではなく、福音書の「荒野の誘惑」の物語（マタイ福音書四章一―一一節）に記された精神的存在、すなわち、人間の精神に直接働きかける力であった。

一五三四年、ルターの神学が英国に及び、ヘンリ八世がイングランドをローマ・カトリック教会から分離して、独自の国教会を樹立した。国教会は、王自身が教会の長になるナショナル・チャーチである。しかし、この宗教の国家体制への組み込みは、宗教改革の精神と原理的に合わない部分があった。宗教改革は、あらゆる改革の基準として聖書を重視し、「聖書のみによって」（ソーラ・スクリプトゥーラ）という原則を掲げていた。聖書に照らせば、古代イスラエルの場合も、原始キリスト教の場合も、宗教は国家の機関ではない。一神教の神は、本質的に普遍的であり、国家宗教にはなりえないのである。したがって、ヘンリ八世の改革に飽きたらず、改革をさらに推進しようとした人たちが出てきた。ピューリタン（清教徒）と言われる人々がそれである。ピューリタンは議会を通じて勢力を拡大し、王との対決姿勢のなかで、国制を変革しようとしたが、王党派と議会派はついに折り合わず、一六四九年内戦に発展する。この内戦は「清教徒革命」と呼ばれている。ピューリタンが多数をしめる議会派が勝利し、王を処刑して共和制を樹立したからである。しかし、この共和制政権は、長続きせず、一六六〇年に英国は再び王制に復帰した（名誉革命）。

　清教徒革命は内戦であったから、そこには数々の残虐行為があった。その内戦の教訓は、宗教の名において政治と戦争を行うとき、多くの残虐なことが起こるということである。大陸におけるカトリックとプロテスタントの争いにも虐殺がついてまわった。英国では、革命の嵐が去った後、人々はこの時代を振り返って「熱狂」（狂信）と言った。ローマのキリスト教の誤りが「迷信」であるとすれば、プロテスタントの誤りは「熱狂」であった。こうして、この二つの革命に挟まれた時期の経験は、その後の英国キリスト教の中道的性格を決定することになる。ローマ・カトリックの「迷信」でも、ラディカルなプロテスタントの「熱狂」でもなく、理性的な宗教を形成することが、英国国教会の神学の課題になるのである。この神学は、霊感による宗教を排し、迷信による宗教を排するから、基本的に理性的である。そして、熱狂を導く「聖書のみ」ではなく、もうひとつの書物（スクリプトゥーラ）である自然を解読しようとするのである。

名誉革命の年、一六六〇年に現存する世界で最古の科学学会である王立協会が設立された。この学会の設立趣旨は、「自然的知識を改善」することであったので、王立協会は英国の自然神学の新しい頁を開いた。この時代の知的雰囲気を代表する人物がロバート・ボイルである。彼は熱心なキリスト教信者であったが、同時に卓越した自然研究者でもあった。彼の死後、彼が遺した基金によって「ボイル記念講演」が開催された。一六九二年のリチャード・ベントリの講演から、今日に至るまで毎年一回の割合で主に自然研究とキリスト教神学の関係を扱った講演が続けられている。

このように英国キリスト教の知的部分が自然神学に傾いていくことに呼応して、聖書の啓示はおおむね迷信であって無用であると主張する「理神論」が登場した。英国における理神論の祖は、チャベリーのハーバートであるが、彼は外交官であった時期にフランスでデカルトやメルセンヌと接触し、普遍的認識論に基づくキリスト教を超えた普遍的な理性的宗教を構想するに至る。この宗教の教義は、きわめて単純であり、自然の創造者である神を崇め、道徳的義務を実践するということを内容とした五項目からなるにすぎない。ハーバートの後、ブラント、トーランド、ティンダルが出て、キリスト教の非合理性、祭司の知的権威を排斥した。しかし、ここで注目しなければならないのは、「自然」が神の善性を表しているという理神論者たちの思想である。この思想が広く共感を得たことは、例えば、フランスのルソーの『エミール』に登場するサヴォアの助司祭の信仰告白に見られる通りである。ミルが『宗教三論』、特に「自然論」のなかで展開している議論は、この理神論を起源とする楽観的な自然観、つまり、自然のなかに神の善性や摂理を見る思想と真っ向から対立している。

理神論者の自然観は観念的なものであったから、英国の自然神学には貢献しなかった。理神論者は、理性によって確認される普遍的真理を宗教の基盤に据えようとしたが、その認識論は経験論哲学によって厳しい批判にさらされた。例えば、ジョン・ロックの『人間知性論』における生得観念説批判は、ハーバートの「共通観念」説を批判したものだと言われている。また、理神論者の認識論にはキリスト教の側からも反撃がなされた。一七三六年に、ジョセフ・バトラーの『宗教類比論』が出て、宗教的知識は数学のような絶対的知識ではなく、経験的・蓋然的知識であることを確認したとき、理神論は英国の宗教思想史の表舞台から退場した。

自然神学は、キリスト教神学の創造論の部分に関心を持つ。自然が神によって創造されているなら、その仕組みはどうなっているのか。ニュートンは、宇宙が万有引力の法則によって支配された運動体であることを明らかにした。これは大宇宙のことである。しかし、天文学は物理学になり、それに続く関心は地球とその上に創造されたとされる生物に向けられることになる。地球に向けられた関心は地質学を発展させた。地球にはどのような設計の証拠が見られるのか。この問題は自然神学にとっては鬼門であった。なぜならば、地球の大きな構造に神の明確な設計を見ることは難しいからである。たとえば、自然神学者であったトーマス・バーネットは『地球の聖なる理論』（一六八一）で、地球の地形は幾何学的に不完全なので神の創造であるとは考えられないとし、この不完全さの原因を聖書に書かれた「堕罪」の結果として解釈した。つまり、今の地球は、神によって当初造られた完全な世界が破壊された後の「残骸」であると言うのである。この事例が示すように、自然神学は原則として常に聖書との整合性を指針として進められた。バーネットの後、バーネット説を修正し、現状の地球に神の創造の形跡を見ようとする見解が多く出されたが、地質学と創造論との関係に明快な解答はなく、地質学と生物学を統一的に見るようになったダーウィンの時代（そして、ある意味では現代）まで続くのである。

地球と比較すると、生物の形態は自然神学の障害にはならない。生物には左右対称とか一定の幾何学的パターンが見られるからである。しかし、それ以上に驚嘆にあたいするのは、細部の精妙な（環境適応的な）仕組みである。一八〇二年になって英国自然神学史上、画期的な著作が出た。ウィリアム・ペイリーの『自然神学——神の存在と属性の証拠』である。該博な生物学の知識に基づいて書かれたこの護教論は、生物の環境適応性のなかに神の設計を見ようとする。ミルの宗教論には、随所に、このペイリーの議論への反論がある。

環境適応性の議論は、ペイリーの意図に反して、神の設計なしに事態を説明する因果論的な見方に道を開いた。ペイリーは、夜が来るのは生物が身体の疲労を回復するためである、と言う。しかし、夜が来て活動できなくなるから生物は寝るというふうに解釈することもできる。同じ自然のメカニズムを、目的論的に見ることも、因果論的に見ることもできるのである。

ケンブリッジ大学の学生時代にペイリーの自然神学を読んだ人物の一人に、チャールズ・ダーウィンがいた。ダーウィンの自然淘汰の説は、それまでの自然神学をラディカルに修正するものであった。彼は、ペイリーとは違って、神の創造的意図を前提としなくても生物の仕組みが理解できるという別の見解を打ち出した。これは自然神学のデザイン論証（自然のメカニズムの中に神の特別な配慮と設計を見て、そこから神の存在を推論する議論）に対する強い反論であり、これによってミルが宗教論で神の存在証明の最後の形態として検討したデザイン・アーギュメントの可能性が消滅した。このダーウィニズムは、いまのところ自然神学の到達点になっており、今後これを超える理論が発見されないかぎり自然神学の復興はないであろう。

ミルは一八六〇年四月一一日付のアレクサンダー・ベインあての手紙に『種の起源』を読んで感銘をうけたと書いている。また、一八六九年にヒューエット・ワトソンにあてた手紙では、ダーウィンが生命発生について「真の原因」を発見したかもしれないと述べている。その進化論の影響は、第三論文「有神論」に顕著に出ている。ダーウィンの名こそ出していないが、自然界に対する精神の介入によって創造を説明する議論に対して「精神にできることで自然ができないことはない」という経験的事実を対置し、「最適者生存」の原理を取り上げたとき、ミルは明らかに進化論に近い場所に立ったと言えるであろう。ミルは、進化論についての彼の評価を次のように記した。「この理論の信憑性は、以前に提起された他の理論よりも遙かに高い。これ以上のことが言えるかどうかは、現時点では不確定である。この理論を認めたとしても、それはけっして創造論とは矛盾しない。しかし、この理論を認めるなら、創造論を支持する証拠を大幅に縮小することになるであろう」(本書一三九頁)。

ミルが語ったことではないが、自然に創造性を認める面白い対話がある。創造性を精神に帰そうとしている人が「猿にタイプライターを与えて、ランダムにキイを打たせても、シェイクスピアの傑作は生まれないであろう」と言ったところ、進化論者は「いや、不可能とは言えない。なぜならば、それは確率の問題で、時間は無限にあるのだから」と答えたというのである。ミルがこの対話を聞いたなら、どのように応じたであろうか。

(2)自然神学批判

ミルは、以上のような自然神学の伝統的思考を、本書においてほとんど全面的に否定する。理論構造で見ると、自然神学では、神と自然と人間が一繋がりの連鎖のなかにある。自然は神によって造られたのであるから基本的に善であり、その運行過程は、神の善意を実現する「摂理」になる。そこから出てくるのは、人間の道徳は自然に従うべきであるという思想である。その構造は、大きな枠組みで考えると(A)「神の善性」→(B)「自然の善性」→(C)「道徳的善の基準としての自然」という秩序となっている。したがって、この連結が弱められれば、それだけ、大前提である(A)の真理性が薄められるということになる。

自然神学は、キリスト教信仰において信じられている教義と一致する真理を自然の中に経験的・合理的に発見しようとする理論である。認識の目標、確認されるべき事実は議論の前提になっている。

信仰の立場では、神の存在も神の善性も真理である。そうでなければ、キリスト教信仰は成立しない。しかし、信仰の外に立って、感覚的経験と理性によって推論するとき、キリスト教の信念体系について何が言えるであろうか。その信念のどれが経験と理性によって真理であると確認できるのであろうか。自然神学が取り組んでいるのは、その問題であった。

まず、神が存在するということについては、その実在性を感覚で直接確かめることはできない。感覚で直接、確かめることができるのは自然内の事物である。自然的事物があるかないか、その性質はどのようなものか、といったことは感覚で確かめることができる。しかし、自然を超越している神についいては、その存在も本質も、感覚によって知ることはできない。それでは、神はどのようにして知られるのか。それは、その善性を通じてである。人の善性が、親切やその具体的表現である贈り物によって知られるとすれば、神の善性もまた、自然の恵みや隣人の親切によって知られるであろう。

ミルは「自然論」の中で、この善の因果論を、結果の部分から覆していく。ミルによれば、事実として人間が経験していることは善と悪との混在である。もし、人間が経験する善悪のバランスで善が圧倒的に優勢ならば、自然神学が主張する善の因果連鎖は説得力を持つかもしれないが、事実はそうではない。特に自然においては、悪が圧倒的に優勢である。自然の運行は、人間の道徳の規準を適用することができないほどに冷酷非情であり、非道徳的である。これに対して、人間社会の場合には、教育と文明によって改善が行われ、善の増大が見られる。したがって今や、自然を道徳のモデルにすることは本末転倒である。むしろ、主客を転倒して、自然を人間に従わせることよって善が増大するはずである。人類の歴史を見ても、自然に従うことによってではなく、自然を支配することによって善が増大したことがわかる。

しかし、自然に従うという場合にはもう一つの方式がある。それは外的自然の運行を真似るということではなく、人間性のなかにある自発的な傾向に従うということである。理性ではなく、心情や本能に従おうとする傾向である。ミルは、これもまた誤りであるという。外的自然であれ内的自然であれ、そのままで善いものはない。理性によって制御されないならば、どれもが善ではない。だから、本能や衝動に関しては教育が必要である。「人間本性のあらゆる基本的な衝動が善い側面を持っており、十分な量の人為的な訓練を加えれば、有害ではなく有益になるかもしれないということが、たとえ真であったとしても、その改良の成果は微々たるものである。したがって、いずれにせよ、あらゆる衝動は、たとえ私たちの生存にとって必要な衝動であったとしても、訓練なしには、世界を悲惨だらけにし、人間の生活を動物界で示される忌まわしい暴力と専制を強度にまねたものにするに違いない」(「自然論」本書四八頁)。

さて、もし人間の文明に比べて、自然の善性が弱いならば、その事実は、自然神学の善の因果連鎖を破壊はしないものの、連鎖を弱体化させることは確かである。これに対して、自然界の善は少なくはないという反論が自然神学ではなされている。事実として現世で人間が経験していることには、多くの悪がある。しかし、ちょうど予防接種の痛みが、それ自体は悪であっても将来の病気の感染を防ぐように、その悪は将来の善を増大させるプロセスであると言うのである(本書二一七頁)。それは、目的論的な視点から経験を将来にむけて延長し、将来の善を先取りする議論である。ミルはこれに対して、自然界で起きていることは、単に法則に従っているだけで善を増大させているわけではないと言う。自然界が、一定の周期的運動を繰り返しているだけなら、自然界の運動によって善が増大することを予想するのは不合理である。

しかし、他方、ミルは自然界の中にまったく善が存在しないとは考えていない。そう考えていたなら、自然神学の是非を論じる必要はなかったであろう。彼は、一応、自然神学の理論的な枠組みを承認して、そのなかで議論を展開しようとする。そうすると、自然法則の範囲内であっても自然のなかに一定の善は存在しているのであるから、その善の原因を神と考えるなら、善意を持った神が存在するということになる。しかし、実際に実現されている善は有限である。それはどうしてであろうか。単に論理的可能性で解釈してよいのならば、神はもっと善を実現する能力はあるのだが、その気になっていない、という解釈も可能である。しかし、ミルは実証主義者であって経験されていないことを先取りはしない。彼は、すでに経験されていることを証拠として神の性格を推論し、神が実際に実現している善は完全なものではないから、神は全能でないと推論する。ミルは、善意を持つ神が存在するとしても、その神には何らかの限界があって善の完全な実現を阻まれている、と言うのである。

この「有限な神」という概念は、ミルの宗教論の重要な主張の一つである。もちろん、これはキリスト教の「全能の神」という概念に対抗して主張されているものであるが、単に神が外的条件によって善の実現を阻まれているというだけでなく、もう一つの含意がある。それは、神には絶対的自由意志がないということである。自由意志というのはやっかいな概念であるが、二つに分けられる。一つは、意志によって何らかの外的条件を変えることができるという意味であり、もう一つは、どのような外的条件にも縛られないという意味である。通常、人間には第一の相対的自由意志があり、神には第二の絶対的自由意志があるものと考えられている。ミルは、「有限な神」という概念を採用することによって、神に第二の絶対的な自由意志があることを否定している。全能であるということは、絶対的な自由意志があるということだからである。

　この論理は、しかし、ある意味で、善なる神を救済する。もし、神が全能であれば、一種の決定論が不可避である。絶対的自由意志論は決定論と同じだからである。ミルは、それを「世界の創造者が何でも意志通りにできると仮定し、その創造者が不幸を望むとすれば、結論は不幸であるほかはない」と表現する（「自然論」本書三一頁）。つまり、もし神が全能であれば、世界のなかで生じる一切のことは、神の意志の結果である。人間に不幸があるなら、それは神が不幸を望んだ結果である。しかし、神が有限であれば、神は人間の不幸を望んではいないが、不幸の到来を防ぐ能力がなかったという意味になる。

　神から絶対的自由を剥奪することによって、ミルは、事実上、神を(A)から(B)の段階に引き下げる。神には絶対的自由がなく、神の行為は、おそらく自然界の質料的条件によって制約されている。そのような神は、自然内の一種の精神力ではあるが、「無から存在を呼び出す」と言われるキリスト教の超越神ではもちろんない。神はミルにとって、自然界の動きを説明する一つの仮説であり、その真偽はただ、経験的論証で明らかにされるほかはないものである。

それでは、自然界のどの部分に神の善意が現れているであろうか。これが次の問題である。自然のなかに善を実現するメカニズムが組み込まれていれば、その善を神の善意の結果として解釈することができる。この問題に対するミルの議論は、デザイン論証に集中している(「有神論」第一部)。

一般にデザイン(設計・意図)は、何らかの目的を前提としている。自然界の動き(メカニズム)のなかに何らかの目的を達成していると考えられる事象があるだろうか。そのようなメカニズムとして最も精妙なものは、生物である。しかし、作品が精妙であるから、高度のデザイン能力を持った作者がいるに違いないという推論は、自然神学としては不十分な議論である。なぜなら実現されていることが善であるかどうか判らないからである。「自然のなかに徴候のある計画性の大部分は、たとえ、その機械的働きがどれだけ素晴らしいものであっても、何ら道徳的属性の証拠にはならない。なぜなら、その機械的仕組みが果たしている目的、そして、その仕組みが目的に適っているということ自体が何らかの目的に向かっていることの証拠になるような目的は、けっして道徳的なものではないからである」(「有神論」本書一五二―一五三頁)。自然神学の議論としては、そのメカニズムが何らかの善を実現するように創られているのでなければならない。

すると、生命体の生存形態は、善を実現しているか、という問いになる。経験的に確認できる一つのことは、生物は感覚を持ち、快楽と苦痛を感じるということである。「有神論」のデザイン論証の検討を通じて、ミルがたどり着いた結論は、神は生物の快楽を増大させようとしている徴候を示しているということであった（本書一五四頁）。

　このようにミルは、当時の英国の自然神学を批判的に検討し、ほんのわずかな部分だけを、それもそのままではなく、かなり修正を加えて、正当であると評価した。この議論は、彼の積極的な宗教論への布石にもなっている。彼の積極的宗教論とは、本書で語られる「人間性の宗教」（「人類教」）に他ならない。たとえば、「善意を持った有限な神」という概念は、その神が道徳的善の実現について人間の助力を受け付ける、という方向に展開される。道徳的課題について、神と人間がタッグを組むというその思想は、人類という種的な集合存在を神とする「人間性の宗教」までもう一歩のところにある。

「自然論」や「有神論」の議論が自然神学の問題設定のなかで展開されているのに対して、第二論文「宗教の功利性」は、別の視点から構成されている。冒頭に書かれているように、この論文では宗教が正しい信念体系であるかということは問われない。その真理問題を棚上げにして、歴史的実体としての宗教が、はたして人類の幸福に寄与しているか、それとも人類の進歩を阻む障害になっているかということを、社会的貢献と人格陶冶での貢献の両面から査定することがこの論文の目的である。この問題設定は、もともと、ベンサム派の宗教批判のスタンスであった。ベンサム派の最終目標は、キリスト教を全体として排除することであったが、戦略的にはキリスト教の効用を批判的に査定して、キリスト教の外堀を埋めるという方針をとっていた。その戦略に基づいた代表的な本は、本書でも言及されている匿名で出版された『自然宗教が人類の現世の幸福に与える影響の分析』（一八二二）である。ミルは、宗教を魔術とほとんど同一視する純粋に啓蒙主義的な視点で編集されたこの著作の議論を、全面的には受け入れないが、それを基礎にして彼自身の査定を行う。

宗教の効用(功利性)は、社会的効果と人格形成的効果の二つの部門で評定することができる。いずれの部門でも、ミルが効用として考えているのは道徳的薫陶と知的教化である。まず、社会の一般道徳に寄与するという点では、宗教自体に力があるというより、宗教が権威、教育、世論を傘下におさめているためである。もしそうであれば、宗教から切り離されたとしても、権威、教育、世論の力を有効に用いることによって道徳的進歩は可能なはずである。他方、道徳や学問が宗教と一体になっているときには、マイナス面もある。道徳に関して言えば、来世での賞罰という観念は、道徳的行為を行わせる有力な動機付けにはならず、かえって欺瞞を生むことがある。また、道徳的規則が超自然的な起源を持つとすると、道徳自体が神聖視され、道徳規則の批判的検討ができなくなる。

また、個人の徳性を高めるという点で見ると、宗教は自分の来世での状態に心を向かせるため、人を利己主義者にする。他人や社会に対する無私な献身を助長しないのである。さらに、知的な意味で、自然神学が説得力を持たない状況では、それでも創造者である神を信じつづけるためには、知的な誠実さが必要である。しかし、合理性がないのになお信じるというときには精神は不活発になるほかはない。このように見ると、宗教が個人の徳性を高めるということは言えない。

一言、注釈を加えると、ベンサム派のキリスト教批判には、本来、根深い反感が潜んでいる。『自然宗教が人類の現世の幸福に与える影響の分析』の草稿に、ベンサムは、キリスト教について「ジャガノートのようだ（Juggernautical)」と記している。ジャガノートとはインドの神話の神で、この像を乗せた車にひき殺されると極楽往生できると言われている。この表現から、ベンサムが、キリスト教は来世への希望と引き替えに現世での不合理な犠牲を強いる制度であると見ていたことが解る。ミルも、基本的にはベンサムと同じように、キリスト教を抑圧の体系と捉えていたと思われるが、「宗教の功利性」では、その評価を理性的にバランスよく表現し、キリスト教支持者の反感を緩和しながら、キリスト教を脱却していく社会改革の道を示唆したのである。彼がキリスト教に替えて提案する道徳社会のヴィジョンは、本書の何箇所かで言及されている「人間性の宗教」（「人類教」）である。これは、ミルがオーギュスト・コントの思想から取り入れたものであるが、その中身は道徳の理想化以上のものではない。やはり、一つのヴィジョンというのが適切であろう。

3　科学と宗教的実存

さて、これまで私は、ミルの宗教論の背景にある英国の自然神学の伝統を見てきた。本書のほとんどの部分は、この自然神学の批判的検討である。第二論文における、コントの「人類教」への賛同も、功利性の観点から宗教を評価するというベンサム流の自然神学批判の延長上にあるから、その「付論」として見ることができる。しかし、本書には厳密に見ると、そのような脈絡に入らないミル独自の思想が少なくとも二つある。第一は霊魂論であり、第二は生命観である。

(1)認識論、または霊魂論

本書においてミルは科学的立場（あるいは実証主義）から自然神学を検討しているので、彼の議論は伝統的な自然神学から哲学的要素を排除する傾向を持っている。しかし、彼の宗教論は、厳密な意味で実証主義に徹しているわけではなく、ときどき彼の哲学の混入が見られる。その混入は、特に第三論文「有神論」に顕著である。

厳密な実証主義を別にすれば、一般に哲学は科学だけを真理の基準としない。なぜなら、科学が人間の主観性を脱落させた客観的視点より見られた真理だけを扱っているのに対して、哲学は主観性を含めた現実全体を認識対象にしているからである。簡潔に言うと科学は認識している「私」を排除した現実を認識対象にしているのに対して、哲学は認識し行為する「私」を含めた現実を認識しようとしているのである。私は別の場所（『人称的世界の倫理』勁草書房、二〇〇五年）で、科学と哲学の相違についていろいろな角度から論じたので、ここではこの程度の簡潔な記述に止めたい。哲学的（そして日常的）に見たとき、現実は遠近法を持っている。世界の原点は「私」である。このパースペクティブにおいては、すべてが等しく同じ価値を持って存在しているのではなく、近いものが重く遠いものが軽い。存在と価値の密度は主観に濃く、客観に薄いという言い方もできるかもしれない。存在論、価値論が体系としてどのように構成されるかという議論は、差し控えよう。ここでは、このような遠近法を持った哲学的視点が、ミルにおいては彼の感覚主義認識論（sensationalism）において突出して現れるということを確認したいのである。

感覚主義は、人間の認識の源泉を感覚に見る立場である。経験は拡大し変容するが、その起源と中核は感覚である。そして、感覚主義哲学においては、感覚だけが直接的に（無媒介に）与えられており、それが経験の核であり、主観性の核である。つまり、「私」の意識は、反省によって生じるというより感覚から派生しているのである。ミル哲学の認識論・価値論において真偽を決定する究極的法廷は感覚である。すべての認識は、直接的・無媒介に与えられている感覚から推論された派生的なものであるとミルは考えている。

近代哲学の認識論には一つの大きな前提がある。それは、素朴な模写説の放棄である。模写説とは、人間の心は外界を映す鏡のようなものであって、外界と心の正確な対応によって認識が成立するという考え方である。近代認識論は、主として顕微鏡や望遠鏡などの光学機器による観察を通じて、目に見えるさまは客体世界の実相を示すものではないという懐疑的な結論にたどり着いた。この懐疑に対する対応は二種類がある。一つは、直覚主義であり、心の中のすべての観念が外界の実体と対応するのではないが、そのなかの一部分、すなわち数学の知識のような合理的な知識は客体世界の実相と対応していると考えた。この立場の代表はドイツの哲学者カントの認識論であるが、模写説の一種の修正版である。これに対して、もう一つの対応は、英国経験論が採用した路線であり、認識を外界の事象の運動の延長上に成立する運動であると考える。これは認識を運動と捉えているので、外界の事象と心の関係は因果的になる。因果的にはなるけれども運動の性質は（生命体という別のシステムに入るので）外界での運動の様式をそのまま維持するわけではない。運動は、生理的、心理的な段階で独自の様式をとる。ミルの感覚主義認識論は、心の入り口で生じている現象を感覚として捉え、以後、心のなかで生じる心理現象（認識運動）のすべてを、その感覚の変容として解釈するのである（連合心理学）。そうすると、知識の真偽の基準は、観念が対象と一致するかどうかではなく、心的運動のプロセス（推論）が正確であるかどうかという論理学の問題になる。しかし、論理的・概念的首尾一貫性だけで知識が増えたり正確になるわけではない。すべての認識の源泉である感覚的経験が重ねられることによって知識が修正され拡大する。したがって、感覚が知識の源泉であるとともに基準である。ミルの感覚主義では、世界への究極的接点（the last link）になるのはあくまで感覚なのである。

この見方は哲学的であり、客観的視点から見られた科学的認識とは異なる。この事実は経験されるけれども、科学の立証の対象にはなりえない。たとえば、ミルは「有神論」の第三部で「霊魂の不死」を論じるとき、以上のような彼の哲学に従って霊魂の本質を規定し、それに基づいて霊魂の不死を考えようとした。霊魂とは、感覚から始まる心理的運動であり、身体と別の実体ではない。しかし、身体と別であることも事実である。いや別であるということでは十分ではない。「感情と思考は、単に私たちが無機物と呼ぶものと違っているだけではなく、その対極にある存在である。したがって、相互に類比的な推論をすることは、ほとんどあるいはまったく有効ではない」（本書一六三頁、傍点引用者）。対極というのは、すでに使用した表現で言えば「私」を原点とする遠近法のなかにあるということである。花が散るということと身体が滅びるということは、横に並べて比較できることである。しかし、感情と思考を物体と比較することはできない。「精神（あるいは、連続する感覚についての意識の意味するものを何と呼ぼうと）は、一つの哲学的観点では、私たちが何らかの明証性を持てる唯一の実在である。そして、精神と他の実在の間には類比は認められず、比較はできない。なぜなら、精神と比較できる他の知られた実在がないからである」（本書一六四頁）。ここから霊魂の不死の問題についてミルが引き出す結論は、不死であるか滅びるかを判定するための証拠が欠けているということである。「精神が滅びるものであるということは、精神がユニークであるという事態と矛盾するものではない。しかし、精神が滅びるものかそうでないかという問題は、人間の知識や経験のどの結果によっても左右されないこと〈*res integra*〉である。この事例は、どちらの側でも、実際に証拠がまったくないという珍しいケースの一つなのであり、肯定する証拠がないということは、通常のケースだと、否定を支持する強い想定になるのだが、この場合はそうではない」（同）。

(2) 生命観

ミルの宗教論の思想は、いろいろな機会に着想され書き留められてきたと思われるが、それを著作のかたちで世に問うということに踏み出したのは、すでに述べたようにミルとハリエットの健康が悪化した時期である。当然のことながら、この時期にミルは死というもの、そして、その対極にある生というものを凝視し、思索を重ねたと思われる。一八五四年に数ヶ月書かれた短い日記には、「生命哲学」（the Philosophy of Life）というミルの思想では珍しい言葉が出てくる。一月二三日にはミルは次のように書いている。

生命哲学を除いて、いま本当に努力して構築したり、示唆したりする価値がある教えは何も存在しない。もっとも高尚な感情と調和し、迷信をすっかり取り去った一つの生命哲学を、今日の時代は痛切に求めている。……（*The Letters of John Stuart Mill*, vol. 2, Appendix A, Longmans and Green and Co., 1910, p. 362.）

信仰を失った時代の人生には、新しい生命哲学が必要であるとミルは考えていた。この「生命哲学」という言葉は、テキスト解説のところで見た、一三の研究課題には入っていないが、この表現が示唆する人生に関する実存的視点こそ、ミルが最後に追求した問題であり、科学の立場からの宗教批判という主旋律をやぶって聞こえる別の旋律であった。それは間歇的であり、ときおり空から舞い降りる雪片のようなものに終わっているが、宗教へのミル独自の視点を示している。たとえば、ミルは「霊魂の不死」の問題を、科学的な立場からは解決できないものとして最初から論じないこともできたはずである。実証主義の立場から言えば、経験の範囲のなかにないことについては不可知論にとどまるべきであった。それが父ジェイムズの残した教訓であった。しかし、彼は、「有神論」で来世の可能性をきまじめに検討する。不死への願望があるから来世があるというような当時の自然神学の解釈を退けた後、彼はこの問題を論理的な可能性の問題として論究した。ミルは、霊魂はこの地上とは違った条件を持つ別の世界で存在できるかもしれない、と言う（本書一六二頁）。これはすでに見たように彼の哲学から出てくる帰結であった。しかし、その結論は、それ以上の意味を持っている。なぜなら、ミルにとって魂の不死の問題は、単なる形而上学の問題ではなく、妻ハリエットとの再会の可能性の問題であったからである。「彼女への追憶は、私にとっては宗教である」（Her memory is to me a religion.）とミルは『自叙伝』に書いている（山下重一訳『評註 ミル自伝』三四〇頁）。ハリエットはミルにとって絶対的価値であった。そして、もし、その絶対的価値との再会が論理的に否定されないのなら、それを希求することがどうして科学によって非難されるであろう。科学は何かがあるということを実証するだけで、何かがありえないということを論証するものではない。

伝統的な自然神学は、啓示神学の後追いをしたため、「ありうること」を「あること」として理論的に先取りした。実証主義は、これに反発して「ありうること」へと越境した存在論を「あること」に引き戻した。「ありうること」についての実証主義の立場は、不可知論である。経験論は経験を超えたことについて何も語れない。したがって、キリスト教が超自然的事実について語るなら、ミルがそれを受け入れることはできないのは当然である。キリスト教が超自然主義である限り、ミルの思想とキリスト教とはほとんど接点を持たない。ミルは最後までキリスト教の外に立っていた。ミルが宗教論においてキリスト教に接近したと言えるとすれば、その形跡は、奇跡論においてミルが啓示の可能性を希望の対象として承認したという一点のみである（本書一九五頁）。しかし、これはミルの強い主張ではありえない。なぜならば、それはミルとベンサム派が一貫して退けているパウロ神学を認めるということに他ならないからである。その他の部分での、ミルのキリスト教に対する肯定的な評価は、すべて功利性の観点からの査定であり、キリスト教は「人間性の宗教」への橋渡しとして人類の道徳的改善に寄与したという主張である。従って、ミルが信仰体系としてのキリスト教の外にとどまっていたことは明らかである。

しかし他方で、見逃すことのできないことがある。自らの人生の究極的価値をハリエットとの人格的な関係に求めたことにおいて、ミルがイエスとの再会を希求した原始キリスト教の信仰とまったく無縁な地平に立っていたのではないということである。そこには結果的に、不思議な平行関係が見いだされる。キリスト教は、イエスを追慕する宗教である。復活も、来世も、審判も、おそらくキリスト教教義のいっさいの要は、すべて、この追慕、あるいは愛によって強められた人格の実在性によっている。私はこのミルとキリスト教の平行関係を、興味深く思う。ミルの生命観（ヴィジョン）は神学の枠には入らなかったが、本書においては、想像力や希望についての、ミルのロマンティックな、やや過剰なまでの期待に表れている。もはや、その点を詳細に解説する余力はないが、これが実証主義の立場から書かれたキリスト教批判と異質なものであることは明らかである。本書は、ミルという一九世紀の卓越した思想家による鋭い宗教批判であるとともに、このような生命観を背後に抱えていたという意味で、宗教の根源に触れる貴重な証言なのである。

参考文献

有江大介「J・S・ミルの宗教論——自然・人類教・希望の宗教」（『横浜国際社会科学研究』第一二巻

第六号、横浜国立大学国際社会科学学会、二〇〇八年）
エルンスト・カッシラー、中野好之訳『啓蒙主義の哲学』（上）（下）（筑摩書房、一九六九年）
大久保正健『人称的世界の倫理』（勁草書房、二〇〇五年）
大久保正健「『自然宗教が人類の地上の幸福に及ぼす影響の分析』の著者問題について」（『杉野女子大学・杉野女子大学短期大学部紀要』三四号、一九九七年）
大久保正健「創世記における『創造』の概念」（『杉野服飾大学・杉野服飾大学短期大学部紀要』七号、二〇〇八年）
鎌井敏和・泉谷周三郎・寺中平治編『イギリス思想の流れ』（北樹出版、一九九八年）
小泉仰「ミル『宗教三論』と福澤諭吉の宗教観」（慶應義塾福澤研究センター「近代日本研究」第二巻、一九八五年）
小泉仰『J・S・ミル』（研究社、一九九七年）
小泉仰『福澤諭吉の宗教観』（慶應義塾大学出版会、二〇〇二年）
寺中平治・大久保正健編『イギリス哲学の基本問題』（研究社、二〇〇五年）
バジル・ウィリー、松本啓訳『一九世紀の自然思想』（みすず書房、一九八五年）
バジル・ウィリー、三田博雄、松本啓、森松健介訳『一八世紀の自然思想』（みすず書房、一九七五年）
長谷川悦宏「J・S・ミルの宗教思想――希望の神学は人間性の宗教に何を付け加えたのか」（『法政大学文学部紀要』五七、二〇〇八年）
舩木恵子「小幡篤次郎とJ・S・ミルの『宗教三論』」慶應義塾福澤研究センター「近代日本研究」第二一巻、二〇〇四年）
松永俊夫『ダーウィンの時代』（名古屋大学出版会、一九九六年）

山下重一『評註 ミル自伝』（御茶の水書房、二〇〇三年）
レズリー・スティーヴン、中野好之訳『一八世紀イギリス思想史』（上）（中）（下）（筑摩書房、一九六九－七〇年）
Capldi, Nicholas., *John Stuart Mill: A Biography*, Cambridge University Press, 2004.
Hayek, F. A., *John Stuart Mill and Harriet Taylor*, New York: Augustus M. Kelley・Publishers, 1951.
MacGrath, Alister E., *Christian Theology*, 4th ed., Blackwell, 2007.
MacGrath, Alister., *Reformation Thought: An Introduction*, Blackwell, 1988.（高柳俊一訳『宗教改革の思想』教文館、二〇〇七年）
Mossner, Ernest Cambel., *Bishop Butler and the Age of Reason*, The Macmillan Company, 1936.
Reader, Linda C., *John Stuart Mill and the Religion of Humanity*, University of Missouri Press, 2002.
Reardon, Bernard M. G., *Religious Thought in the Victorian Age: A survey from Coleridge to Gore*, Longman, 1971.
Sell, Alan P. F., *Mill on God*, Ashgate Pub Ltd, 2004.

訳者あとがき

すべての翻訳には長所と短所がある。本書の翻訳で優先したのは、日本語として読みやすいということである。そのために、思想研究でほとんど定訳がある語彙の場合でも、必ずしもそれを採用しなかった。例えば、benevolence は、通常「仁愛」と訳されるが、ここでは神学的背景や文脈を顧慮して「慈愛」とか「善意」といった言葉を当てた。また、theism は、通常「有神論」と訳されるが、漢学を背景としたその語感は今では少し古めかしいので、文中では「神実在論」と訳した箇所もある。

このように日本語を重視したため、英文との語彙対応が複雑になり、語彙からの検索機能が弱まった。索引はつけてあるが、あまり、厳密なものではない。原文上で、何らかの語を検索したい場合には、インターネット上で入手できるPDF版を使って、コンピュータで検索することをお勧めしたい。

また、詳細な注も断念した。研究者の便宜のためには、できるだけ注を豊富にしたほうがよいことは言うまでもない。例えば、ミル研究の第一資料となる『自叙伝』についても、山下重一氏の詳細な訳注をつけた『評註 ミル自伝』（御茶の水書房、二〇〇三）が刊行されている。山下氏の訳と訳註は、もはや古典に属するミルの著作の翻訳に関する模範になると私は考えている。しかし、本翻訳の場合、一般読者の便宜を優先し、読みとりの補助になると思われる最小限の註をつけるに止めた。

翻訳にあたっては、第一論文「自然論」について慶応義塾大学大学院の吉田修馬氏の助力を得た。また、横浜国立大学名誉教授の泉谷周三郎氏からは原稿全体について適切な助言をいただいた。ミルの宗教論の背景になっている自然神学を理解するために、バジル・ウィリイの研究書を勧めてくださったのも泉谷氏である。ミルが引用しているミラボーの『回想録』のフランス語原文については、杉野服飾大学山尾聖子講師、ならびにペーシュ講師のご教示をえた。

最後になったが、編集部の土井美智子さんにはたいへんお世話になった。ミルという思想界の高峯に軽装で登山した私が、誤訳の谷に転落しそうになったとき、彼女の抜群に明晰な日本語力によって何度も助けられた。ただ、登攀に成功したかどうかは読者の審判に委ねるほかはなく、翻訳の全責任は私自身にある。

これらの方々のご支援に深く感謝する次第である。

二〇一一年二月

大久保正健

索　引

ア　行

アウグストゥス　169
アキレウス　98
悪魔　148, 228-231
アプリオリな方法とアポステリオリな方法　112-113
アリストテレス　226-227
イーピゲネイア　61
イエス（ナザレの）　80, 206
イスラム教　98, 227
英国国教会　231-232
エスキモー　34
エピクロス（派）　7, 85
『エミール』　234
王立協会　233
小幡篤次郎　216-221
オルムズドとアーリマンの宗教　148

カ　行

回心　72
外的証拠と内的証拠　175
快楽と苦痛　153-154
柏経學　222
カトリック（教会）　18, 65, 228, 230-231
カドワース　227-228
神の補助者　32, 95
神の有限性　33, 145-147
カリエ　25
ガリレオ　229
感覚主義認識論　246-247
完成　27, 77
カント　131-132, 247
キケロ　88
奇跡と第二原因　182-183, 189, 194
奇跡物語　192-193
帰納法　136-137
希望と想像力の領域　197-202
キャンベル　176
教育と本能　47-48
ギリシア人　98
キリスト教　8, 203, 237, 251-252
キリスト教とイエス（キリスト）　92-93
クーザン　130
クーム（ジョージ）　12
グノーシス主義　205
グリーン（アーサー. W.）　224
クロイソス　169
計画的仕組み　146
『経済学原理』　i
啓示　91
啓示神学　225
権威の支配力　64-65
ケンブリッジ・プラトン学派　227
小泉仰　217-218, 224
公衆の意見（世論）の支配力　68-71
『功利主義論』　i, 222

古代イスラエル　225, 232
コペルニクス　229
コロンブス　229
コント（オーギュスト）　62, 245

サ　行

最善説論者　23
最適者生存　138
サクラメント（秘蹟）　229
事実と価値　11
自制　42
自然宗教　102
自然神学　30, 142, 145, 150, 156, 224-228, 233-235
『自然神学』　235
自然法　15
宗教の支配力　71-75
宗教の真理性　56
『宗教類比論』　173
『自由論』　i, 222
『種の起源』　236
正直　42
初期教育　58, 106
初期教育の支配力　65-68
真理と善の分裂　58
人類教（人間性の宗教）　89-90, 97, 206, 245, 251
ストア派　7
スパルタ人　39
正義の概念　43, 44
清教徒革命　232
清潔　40
聖書　225, 232-233
摂理　19-21, 45-46
ソクラテス　3, 88, 126
ソフィスト　67

タ　行

ダーウィン　ii, 235-236
多神論と一神論　106
デカルト　125, 129-130, 233
デザイン論証　227, 242
道徳的完全存在としての神　202-203
トマス・アクィナス　226-227
ドミティアヌス　24

ナ　行

永峰秀樹　216
中村敬宇　216
ナビス　24
西周　216
ニュートン　155, 229, 234
人間知性論　234
ノヴァーリス　64

ハ　行

バーネット（トーマス）　234-235
ハーバート（チャベリーの）　233-234
『パイドン』　118, 158-159
パウロ　205
パウロ主義　79, 251
パタゴニア人　34
バトラー（ジョセフ）　173-174, 234
ハドリアヌス　98
ハミルトン（ウィリアム）　130
ハリエット・テイラー　222-223, 249, 251-252
ハワード　88
人となった神　204
ヒュームの奇跡論　176-180, 188
ピューリタン　232
ヒンズー教　107-108
フィシャカー（リチャード）　227

フィロン（アレキサンドリアの）　205
フェティシズム　127
フェヌロン　155
福澤諭吉　217-220
仏教の霊魂消滅　98
物質と力　123, 143
舩木恵子　220-221
プラトン　3, 34, 94, 118, 125, 158
プロテスタント（教会）　230, 232
ペイリー　96, 134, 235
ベイン（アレクサンダー）　224
ベーコン（フランシス）　14, 125
ヘレン・テイラー　i, 222-224
ベンサム　40, 62, 73-74, 176, 244-245
ベンサム派　243-224
ベントリ（リチャード）　233
ヘンリ八世　231-232
ボイル（ロバート）　233
ボイル記念講演　233
『法学提要』　8
法則と法律　11
法則による支配　110-111
『法廷証拠の原理』　176
『法の精神』　12
ポウプ　23
『法律』　118
ホメーロス　166
ホラティウス　19
ボルジア　25

マ　行

マクグラス（アリスター）　226
松永俊夫　227
マニ教　94
マルクス・アントニヌス　79, 88
未開人　43
ミラボー　72
メイン（ヘンリ）　ii
モア（ヘンリ）　227
モンテスキュー　12

ヤ　行

山下重一　251
勇気　38
ユスティアヌス　8
ユダヤ人　72, 87
ヨハネ　72
弱い信仰の時代　57

ラ　行

ライプニッツ　111, 125, 133
利己主義　41
理神論　59, 233-234
理性と本能　36-38
リュクルゴス　67
ルイ 14 世　61
ルソー　8, 42, 234
ルター　231
ローマ人　39, 87
ロック　125
論理学体系　176

ワ　行

ワシントン　88

著者略歴

J. S. ミル（John Stuart Mill, 1806-1873）
19世紀英国を代表する思想家。批評家ジェイムズ・ミルの子としてロンドンに生まれる。著作に『論理学体系』（1842），『経済学原理』（1848），『自由論』（1859）等がある。

ヘレン・テイラー（Helen Taylor, 1831-1907）
ミルの妻ハリエット・テイラーの娘。ハリエットの死後は，ミルを助け，彼の『自伝』などの遺稿を整理し出版した。女性の社会的地位の向上や教育にも力を注いだ。

大久保正健（おおくぼ　まさたけ，1948-）
慶應義塾大学大学院文学研究科博士課程単位取得退学。現在，杉野服飾大学教授・聖学院大学客員教授。著書に『人称的世界の倫理』（勁草書房）等がある。

宗教をめぐる三つのエッセイ

2011年2月25日　第1版第1刷発行

著　者　J. S. ミル
編　者　ヘレン・テイラー
訳　者　大久保正健
発行者　井村寿人

発行所　株式会社　勁《けい》草《そう》書房

112-0005 東京都文京区水道2-1-1　振替 00150-2-175253
（編集）電話 03-3815-5277／FAX 03-3814-6968
（営業）電話 03-3814-6861／FAX 03-3814-6854
大日本法令印刷・青木製本

© ŌKUBO Masatake　2011

ISBN978-4-326-15415-9　　Printed in Japan

JCOPY ＜㈳出版者著作権管理機構　委託出版物＞
本書の無断複写は著作権法上での例外を除き禁じられています。
複写される場合は、そのつど事前に、㈳出版者著作権管理機構
（電話 03-3513-6969、FAX 03-3513-6979、e-mail: info@jcopy.or.jp）
の許諾を得てください。

＊落丁本・乱丁本はお取替いたします。

http://www.keisoshobo.co.jp

大久保正健	人称的世界の倫理	四六判	二七三〇円
児玉　聡	功利と直観　英米倫理思想史入門	四六判	三二〇〇円
安藤　馨	統治と功利　功利主義リベラリズムの擁護	Ａ５判	四二〇〇円
奥野満里子	シジウィックと現代功利主義	Ａ５判	五七七五円
R・M・ヘア	道徳の言語	小泉・大久保訳	二五二〇円
R・M・ヘア	道徳的に考えること　レベル・方法・要点	内井・山内訳	四三〇五円
田川建三	キリスト教思想への招待	四六判	三一五〇円
田川建三	書物としての新約聖書	Ａ５判	八四〇〇円
松本俊吉編著	進化論はなぜ哲学の問題になるのか　生物学の哲学の現在〈いま〉	Ａ５判	三三六〇円

＊表示価格は二〇一一年二月現在。消費税は含まれております。